勇争一流

常州制造业单项冠军培育纪实

常州市工业和信息化局 编

YONGZHENG YILIU

CHANGZHOU ZHIZAOYE DANXIANG GUANJUN

PEIYU JISHI

图书在版编目(CIP)数据

勇争一流:常州制造业单项冠军培育纪实 / 常州市工业和信息化局编. -- 苏州:苏州大学出版社,2023.8
ISBN 978-7-5672-4496-2

Ⅰ.①勇… Ⅱ.①常… Ⅲ.①制造工业－产业发展－研究－常州 Ⅳ.①F426.4

中国国家版本馆 CIP 数据核字(2023)第 143923 号

书　　　名:	勇争一流
	——常州制造业单项冠军培育纪实

编　　　者:	常州市工业和信息化局
责任编辑:	肖　荣
助理编辑:	周　麒　周　雪

出版发行:苏州大学出版社(Soochow University Press)
社　　址:苏州市十梓街 1 号　邮编:215006
印　　刷:苏州市越洋印刷有限公司
邮购热线:0512-67480030
销售热线:0512-67481020

开　　本:700 mm×1 000 mm　1/16　印张:15.25　字数:159 千
版　　次:2023 年 8 月第 1 版
印　　次:2023 年 8 月第 1 次印刷
书　　号:ISBN 978-7-5672-4496-2
定　　价:88.00 元

若有印装错误,本社负责调换
苏州大学出版社营销部　电话:0512-67481020
苏州大学出版社网址　http://www.sudapress.com
苏州大学出版社邮箱　sdcbs@suda.edu.cn

编委会

主　　编：严德群

执行主编：薛庆林

成　　员：陈晓雪　陈爱萍　李　静　周　峥

　　　　　仲雅芬　何　敏　舒　克　余亮明

　　　　　徐行至　张　钧　孙宇乾　张　羽

　　　　　徐　磊　杨书玉　吴有安　盛　霖

　　　　　包天然　王星驰　鲁洺仪　丁克村

　　　　　王　妍　方　健　张雨晗　李荣亮

　　　　　刘桓毅　陈丽达　郎伟宁　顾柳婷

　　　　　崔圣阳　钱路文　黄启铭

偶然性与必然性

——常州为什么能？

偶然性与必然性是揭示事物联系和发展中两种不同趋势及其关系的一对范畴。必然性存在于偶然性之中，偶然性背后隐藏着必然性。一件事情、一种现象偶尔发生可以归结为偶然因素，但如果一件事情、一种现象连续多次发生，那么在其偶然性的背后一定潜藏着深层的必然因素。

如果说常州制造业单项冠军培育工作在某一年新增数排名全省第一、全国地级市第一具有偶然性的话，那么常州制造业单项冠军自2019年以来连续三年新增数全省第一，连续四年总量保持全省第一、全国地级市第一，这种连续发生的现象背后一定有其内在必然因素。揭示和诠释这种深刻的必然性，并从常州这座城市的深厚底蕴中找寻答案便是本书的宗旨。

制造业单项冠军被誉为制造业皇冠上的明珠，是一座城市实体经济的至高闪光点。常州市曾在2020年度全省高质量总结表彰会上荣获高质量发展综合考核第一等次。时任江苏省委书记的娄勤俭对此表示肯定，他说："常州发力工业智造，制造业单项冠军数量三年增长了九倍，隐形冠军企业突破两百家，

工业与能源互联网建设走在全国前列。"截至2022年，常州已培育制造业单项冠军32个，在全国制造业十强城市中名列第六，形成了制造业的主力军团，有力支撑了常州在二线城市中制造业核心优势的奠立。

常州能创造这样的奇迹，一是源于其"深度"——历史长河中积淀的深厚的制造业底蕴。"滴水穿石，非一日之功。"从晋代开始，常州就出现了梳篦等手工业的萌芽，宋、明时期又得到了快速发展，到20世纪初，民族工业迅猛崛起；1949年中华人民共和国成立以来，现代工业体系快速重建，改革开放前后，以"小桌子上唱大戏""农字当头滚雪球"的苏南乡镇工业模式打造出"工业明星城市"样板，形成了全国中小城市学常州的热潮；进入21世纪以来，又以民营经济的高质量发展谱写了一曲打造"国际化智造名城"的新篇章。常州的制造业在历史大潮中冲浪前行，从无到有、从小到大、从弱到强，既积累了深厚的底蕴，又不断迈向新高度。到2022年，常州工业规模已突破2万亿元，全省排名第三。

常州能创造这样的奇迹，二是源于其"广度"——新型工业化布局下完备的现代工业体系。常州工业门类齐全，据统计，全国工业41个大类中常州有37个，占比约90%；207个中类中有191个，占比约92%；666个小类中有600个，占比约90%。目前已形成高端装备、新能源、新材料、新能源汽车及核心零部件、新一代信息技术、绿色精品钢、生物医药及新型医疗器械、新型建筑材料、节能环保等十大先进制造业集群，其中产值千亿以上的集群有6个,2022年总规模远超1万亿元。先进制造业集群彰显了常州实体经济总体布局和工业发展的鲜明特色,2021年,常州工业稳增长和转型升级工作获国务院督查激励,2022年位列全国先进制造业百强城市第16名。

常州能创造这样的奇迹,三是源于其"高度"——在登高望远的境界下,对战略性产业的中长期规划与培育。中华人民共和国成立以来,常州市委、市政府积极引导规划各个时期的产业发展,常州产业转型实现了三次质的飞跃:以公私合营为基础的低端纺织、印染向高端机械、电子产业延伸;以零部件的配套加工为主跃升到整车整机的全过程生产;以量的扩张为主的传统产业向量质并举的现代高端产业链飞跃。进入21世纪以来,常州2005年起先后出台六轮《常州市加快民营经济发展三年行动计划》,2009年出台《常州市振兴五大产业行动计划(2009—2011年)》,2013年制定并推出《关于加快发展战略性新兴产业的实施意见》,并同步实施"工业经济三位一体转型战略",以"十年磨一剑"的决心和气概,调整产业结构,引导产业集聚,以地标性产业链为抓手,通过技术创新和转型升级,培育出了工业和能源互联网、工业机器人、集成电路、智能网联汽车、碳复合材料、生物医药、空天信息、5G通信八大高成长性产业链,2022年总产值超过4 000亿元。目前,常州正进一步推进战略性新兴产业链高质量发展,努力打造"长三角产业中轴",依托新能源产业一马当先的巨大优势,致力于打造"引领长三角、全国领先、全球有影响力"的"新能源之都"。

常州能创造这样的奇迹,四是源于其"热度"——对重大项目招引和投资的高涨激情。常州连续多年开展"重大项目攻坚年"活动。一方面,始终坚持产业招商定位,聚焦高端装备、新能源、新材料、新医药、新一代信息技术,招引外资,持续建链、补链、强链、延链,为制造业发展创造新动能。近年来,全市引进了蒂森克虏伯、太阳诱电、瑞声、朗盛、爱科、SK电池、威乐等一大批投资体量大、行业前景好的项目。截至2022年年底,共有68家世界500强企业在常州市累计投资项目120多个。外资对全市规模以上工业产值贡献达25.2%,对规模以上工业利润总额贡献近30%。另一方面,常州也积极引进民资,以投资为抓手,大力培育壮大本土企业。2019年以来,常州共有12个超百亿元重大项目签约落地,常州新能源产业投资热度空前高涨,光百亿以上项目就有8个,占总数的三分之二。2023年胡润排行榜公布新能源产业集聚度常州列全国第四,仅次于深圳、上海等一线城市;新能源产业投资热度居全国城市第一。

常州能创造这样的奇迹,五是源于其"温度"——一流营商环境下"娘家人"的暖心呵护。常州从2017年起,相继出台《常州市优化营商环境实施方案》《常州市聚焦企业关切大力优化营商环境行动方案》《常州市打造一流营商环境三年行动计划（2020—2022年）》,从政策层面上推进营商环境优化,形成了"人人都是营商环境,事事关系营商环境,处处体现营商环境"的浓郁氛围。在全省率先发布地方标准《企业开办全流程办理规范》，推出政务服务"畅通办"品牌，推进"一网通办"改革，打造全国首家非公经济全生命周期法治护航中心，设立全国首家地级市区域知识产权保护中心，设立"常州企业家日"，增强企业家荣誉感、使命感。三年疫情防控期间，常州出台了"惠企20条""稳增长26条"等一系列助企暖企政策，市领导牵头挂钩20多条产业链的发展和转型提升工作。各部门也充分发扬"店小二"精神，争做企业的"娘家人"，为在常企业提供暖心周到的一流服务。2019年全省制造业单项冠军申报企业集聚南京参加答辩会，只有常州市工业和信息化局的领导亲自带队，并连夜在宾馆帮助每家申报企业辅导PPT制作和演讲答辩。也正是在这一年，全省13个地市仅有18家企业通过中华人民共和国工业和信息化部（以下简称"工信部"）审核，获得制造业单项冠军称号。而常州就命中6家企业，占全省的三分之一。正因为各级部门的暖心服务，在常企业体会到了无与伦比的获得感。2020年，常州首次参加全国营商环境评价，荣列国家营商环境标杆城市，2022年优化营商环境成效明显，获省政府督查激励，并且获评中国最具幸福感城市。目前，常州正全面打响"天下英才汇龙城、创新创业在常州"的招商品牌，形成"近者悦，远者来"的人才虹吸效应，打造全国青年创新创业最向往的城市！

常州能创造这样的奇迹，六是源于其"风度"——在"经世致用、坚守实业"理念下勇争一流的企业家"大将风度"。常州企业家传承了"事事当争第一流，耻为天下第二手"的"阳湖精神"。早在20世纪初,盛宣怀、刘国钧等一大批爱国实业家,领风气之先,走实业之路,开创常州近代工业先河,创下了一个个延续百年的业界传奇:常州第一家纺织企业、第一家发电企业、第一家机器制造企业、第一家近代化大型工厂如雨后春笋应运而生。改革开放后,常州人高钧获得全省首张个体工商户营业执照。1988年全省第一家私营企业在常州诞生。正是这种勇争一流的精神激励着一代又一代常州企业家以"咬定青山不放松"的韧劲和"千磨万击还坚劲"的闯劲,与时俱进,勇攀高峰,将一家又一家名不见经传的小企业做大做强,最终跃上了制造业单项冠军的宝座!

一个城市的魅力,不在于它的起点有多高,而在于它走过的路有多长!常州得天独厚的多维度的支撑要素和保障体系,使得中小企业梯度培育工作卓见成效,形成了金字塔式的培育机制。截至2022年年底,全市拥有80多万家市场主体,6万多家工业企业,6 300多家规上工业企业,4 000多家创新型中小企业,3 700多家高新技术企业,550多家省级"专精特新"企业,94家上市企业,166家国家专精特新"小巨人"企业,32家制造业单项冠军企业(产品)。这些企业兵团已然成为常州冲刺万亿国内生产总值(GDP)之城的主力军。毋庸置疑,这些成绩的取得绝不是偶然的,而是具有深层而又深刻的历史和现实的必然性,这种必然性是常州的历史遗产,常州的底蕴积淀;也是常州的城市特质,常州的人文时代精神;更是常州的未来所向!这种必然性告诉人们:既然常州是民营经济的常

序

州，是实体经济的常州，是中小企业的常州，是制造业的常州，那么常州成为制造业单项冠军的摇篮也就势在必然，当之无愧！

当前，常州上下吹响了打造"新能源之都"的号角。重振产业雄风，再创城市辉煌已成为当代常州人的重要历史使命。与其说，常州作为一个二线城市已然站在制造业的塔尖，领略"会当凌绝顶，一览众山小"的境界；不如说，常州人正在抢占和领跑制造业新赛道的竞争中，彰显"路曼曼其修远兮，吾将上下而求索"的战略决心！常州始终坚持产业立市、智造强市，必将在培育制造业单项冠军、打造"国际化智造名城"的新征程中再创佳绩、再创辉煌！

编　者

2023 年 8 月

● 第一章　先声夺人　砥砺前行
　　　　——常州制造业单项冠军分析报告　/ 1

● 第二章　锲而不舍　金石可镂
　　　　——制造业单项冠军之专精特新篇　/ 19

精研科技：专注细分市场　成就 MIM 行业
　　　　　"领头羊"　　　　　　　　　　　　/ 20
科试中心：跨越世纪的追求 ——做煤矿辅助运输业
　　　　　引领者　　　　　　　　　　　　　/ 28
江苏华鹏：华夏之鹏鸟　大国之重器　　　　　/ 34
江苏国茂：以"减速"谋"加速"　用"传动"促发展
　　　　　　　　　　　　　　　　　　　　　/ 40
纺兴精密：匠心凝方寸　初心得始终　　　　　/ 47

● **第三章　中流击水　浪遏飞舟**
　　　　　——制造业单项冠军之自主创新篇　/ **55**

恒立液压：勇攀科技创新高峰　锻铸中国制造标杆
　　　　　　　　　　　　　　　　　　　　　/ **56**

中车戚墅堰所：擦亮"制造名片"　领跑"中国速度"
　　　　　　　　　　　　　　　　　　　　　/ **65**

新誉集团：从吸收引进到自主创新　　　　　　/ **73**

安靠智电："三大利器"撬动国家输电模式新变革
　　　　　　　　　　　　　　　　　　　　　/ **79**

宏发纵横：坚持创新驱动　勇做"碳"路先锋　/ **87**

强力先端：强源创新促迭代　成就行业小巨人　/ **94**

金源高端：持续技术攻坚　引领"风口"产业　/ **99**

捷佳创：坚持自主创新　赋能光伏产业　　　　/ **103**

● **第四章　以内养外　成就梦想**
　　　　　——制造业单项冠军之精益管理篇　/ **111**

上上电缆：闯出高质量发展的"上上之路"
　　　　　　　　　　　　　　　　　　　　　/ **112**

今创集团：以质为先　不断精进　　　　　　　/ **120**

星宇车灯：标准引领　打造民族标杆　　　　　/ **127**

武进不锈：以"不锈"之精神　研磨"不锈"品牌
　　　　　　　　　　　　　　　　　　　　　/ **133**

第五章　破茧成蝶　涅槃再生
——制造业单项冠军之转型升级篇　/ 141

中天钢铁：做精钢铁主业　笃行绿色发展　/ 142

万帮数字能源："桩"连世界　向"网"未来　/ 149

雷利电机：深耕微电机主业　多元化转型提升　/ 155

亚玛顿：全产业链创新　高价值链延伸　/ 161

长海股份：项目为王　推进产业链创新升级　/ 167

快克智能：气拔霄"焊"　精进不息　/ 173

华威模具：转型蝶变——永远的先行者　/ 179

第六章　九天揽月　五洋捉鳖
——制造业单项冠军之全球战略篇　/ 185

天合光能：与光同行——用太阳能造福全人类　/ 186

海鸥股份：乘风鼓翼　中国"海鸥"飞向世界　/ 193

格力博：立足中国制造　布局全球市场　/ 199

龙城精锻：紧跟市场　抓住机遇做大做强　/ 204

五洋纺机：苦练内功　增强全球综合竞争力　/ 210

附录一　常州制造业单项冠军表
　/ 216

- 附录二　常州市拟培育工信部制造业单项冠军企业名录　　　　　／219

- 参考文献　　　　　／224

- 后　记　　　　　／228

第一章

先声夺人　砥砺前行
——常州制造业单项冠军分析报告

制造业单项冠军被誉为制造业皇冠上的明珠、金字塔的塔尖,代表全球制造业细分领域最大创新动能、最强市场实力、最高发展水平。近年来,常州坚持走新型工业化道路,持续推动优质企业做精做优做强做大,积极培育发展制造业单项冠军,促进产业链供应链现代化水平不断提升,助力打造"国际化智造名城"。

一、百舸争流主沉浮——制造业单项冠军培育一马当先

一分耕耘，一分收获。常州制造业单项冠军培育工作从零起步，一步一个台阶，迈上了崭新的高度。

（一）培育步伐伴随全市工业发展不断提速

2016年4月，工信部出台《制造业单项冠军企业培育提升专项行动实施方案》，开始制造业单项冠军首次认定工作，五洋纺机有限公司（以下简称"五洋纺机"）成为常州市首家制造业单项冠军示范企业。自此，全市制造业单项冠军培育数量伴随全市工业升级发展而不断提速，2019年新增6家，占全省33%；2020年新增5家，占全省18%；2021新增7家，占全省20%；2022年新增8家，占全省16%。制造业单项冠军培育数量逐年攀升，得益于"小微企业—规上企业—创新型企业—'专精特新'企业—国家'小巨人'企业—制造业单项冠军"全过程培育机制的强力支撑。截至2022年年底，常州市拥有超6万家工业企业，规上工业企业6 300多家，市级"专精特新"企业554家，省级"专精特新"中小企业551家，国家专精特新"小巨人"企业166家，全面建成了制造业单项冠军梯度培育的"孵化器"和"苗圃"。

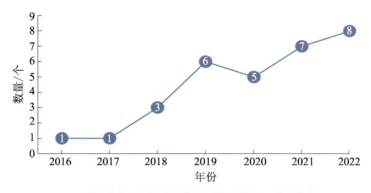

常州市历年制造业单项冠军新增数

（二）培育总量傲居全省首位、全国前列

截至 2022 年年底，常州市累计拥有国家制造业单项冠军企业（产品）32 家，占全省的 18.2%，比苏州、南通、南京分别多 2 家、7 家和 12 家，位列全省第一；占全国总量的 2.7%，在全国仅次于宁波、深圳、北京、上海、杭州 5 座城市，位列全国第六，居全国同类城市首位，在二线城市中遥遥领先。此外，经过多年的悉心培育，常州市目前还拥有产品在细分领域市场占有率居全球前三、全国首位的企业 54 家，这些企业均已纳入常州市制造业单项冠军培育库，成为常州进一步争创国家级制造业单项冠军的新鲜血液和重要后备力量。

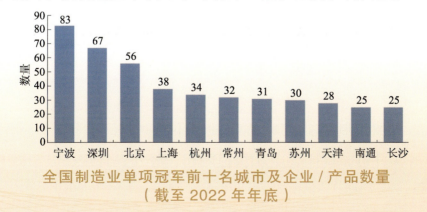

全国制造业单项冠军前十名城市及企业/产品数量
（截至 2022 年年底）

（三）行业分布彰显现代产业体系建设布局

常州立足自身产业基础和优势，着力推动 23 条优势产业链强链补链，打造八大战略性新兴产业和十大先进制造业集群。全市 32 家制造业单项冠军全部集中于十大先进制造业集群，其中高端装备集群以江苏恒立液压股份有限公司（以下简称"恒立液压"）、中车戚墅堰机车车辆工艺研究所有限公司（以下简称"中车戚墅堰所"）、五洋纺机有限公司、新誉集团有限公司（以下简称"新誉集团"）为代表，共计 15 家企业，占据半壁江山；新能源（含新能源汽车及汽车核心零部件）集群以天合光能股份有限公司（以下简称"天合光能"）、常州星宇车灯股份有限公司（以下简称"星宇车灯"）、常州亚玛顿股份有限公司（以下简称"亚玛顿"）为代表，共计 10 家企业（11 个产品）；新一代电子信息技术集群以瑞声光电科技常州有限公司（以下简称"瑞声光电"）、常州强力先端电子材料有限公司（以下简称"强力先端"）为代表，共计 3 家企业；新材料集群有常州市宏发纵横新材料科技股份有限公司（以下简称"宏发纵横"）、江苏长海复合材料股份有限公司（以下简称"长海股份"）2 家企业；绿色精品钢以中天钢铁集团有限公司（以下简称"中天钢铁"）为代表，也是常州唯一的规模最大的工业企业。

（四）区域分布契合于全市区域经济发展格局

常州市制造业区域协同发展不断加快，武进、新北两翼齐头并进，溧阳、金坛快速崛起，经开、钟楼、天宁颇具特色，各板块统筹推进、错位竞争和优势互补的发展格局不断深化。制造业单项冠军企业的地区分布与经济发展态势基本匹配。武进区共拥有单项冠军企业10家，占规上工业企业的0.64%；新北区、溧阳市、经开区均拥有5家，分别占规上工业总数的0.36%、0.83%、0.72%；天宁区、钟楼区分别拥有4家、3家，分别占规上工业总数的0.8%、0.85%。其中，钟楼区占比最高。

（五）企业规模涵盖大中小多个类型

从人数看，至2022年年底，全市制造业单项冠军企业中，1 000人以上的19家，占比61.3%；1 000人以下、300人以上的8家，占比25.8%；300人以下的4家，占比12.9%。从产值规模看，100亿元以上、500亿元以下的3家；50亿元以上、100亿元以下的企业4家；10亿元以上、50亿元以下的18家；10亿元以下的6家，其中常州纺兴精密机械有限公司（以下简称"纺兴精密"）只有1亿多元产值，是常州企业规模最小的制造业单项冠军。

二、无限风光在险峰——制造业单项冠军企业靓丽多彩

常州制造业单项冠军企业深受工业明星城市创业基因和创新氛围的滋养和熏陶，形成了独特的魅力与亮色。

（一）深耕细分领域——底蕴深厚

全市制造业单项冠军企业均是长期深耕、精益求精的"恒心办恒业者"，平均从事细分领域32年，其中，50年以上的，

以江苏华鹏变压器有限公司（以下简称"江苏华鹏"）、纺兴精密为代表，共计3家；50年以下、30年以上的，以常州科研试制中心有限公司（以下简称"科试中心"）为代表，共计11家；30年以下、20年以上的，以五洋纺机为代表，共计8家。截至2023年3月，常州制造业单项冠军在全球细分市场的占有率平均达33.2%，其中19家在全球市场占有率超过37.4%。市场占有率最高的是常州捷佳创精密机械有限公司（以下简称"捷佳创"），达到80%，排名全球第一，是名副其实的行业开创者、引领者、排头兵。

此外，纺兴精密在国内同行业中"生产最早、品种最全、质量最好、技术最精、规模最大"，企业发展"由小到专、由专到精、由精到强"。江苏华鹏从20世纪50年代就开始涉猎变压器行业，目前产品已销往90多个国家和地区，赢得了"国之重器"的美誉。科试中心扎根煤矿辅助运输行业近半个世纪，以专业的执着精神赢得了同行的尊重和点赞！

（二）塑造行业龙头——地位突出

全市制造业单项冠军企业均是行业骨干企业，规模大、整体效益好。31家制造业单项冠军企业中，中天钢铁入围2022中国500强，中天钢铁、天合光能、江苏上上电缆集团有限公司（以下简称"上上电缆"）3家企业入围2022中国制造业500强（全市共5家）。8家制造业单项冠军荣获被誉为中国工业"奥斯卡"的工业领域最高奖项——中国工业大奖，凸显了全市制造业单项冠军的不凡实力。

2013年，中天钢铁成为常州市首家营收超千亿的企业。20年来，集团从年产不足6万吨、产销不足10亿元到年产钢1 300万吨、年营业收入突破千亿元，持续推动优特钢向"高、精、尖"方向发展，着力打造"百年基业、绿色钢城"。天合光能扎根新能源领域矢志不渝，创新发展，成为光伏行业的至高无上的引领者。恒立液压呈爆发式增长态势，在很短的时间内一跃成为高端装备领域的佼佼者和"国之重器"的担当者。

（三）创新发展水平——活力爆棚

颠覆式创新是制造业单项冠军的最鲜明特质，也是支撑其在行业内数十年永葆领先优势的核心和"灵魂"。2022年，全市制造业单项冠军企业合计投入研发经费87.21亿元，每家企业平均研发投入高达2.81亿元，其中，投入最高的是中天钢铁，2022年研发投入超20亿元，平均研发投入占营业收入比重达5.1%；占比最高的是快克智能装备股份有限公司（以下简称"快克智能"），达到12.61%。拥有有效授权发明专利3722件，平均每家制造业单项冠军企业拥有发明专利约116件，拥有专利最多的是天合光能，高达千余件。建有省级以上研发机构134家，平均每家建有约4家，最多的是格力博（江苏）股份有限公司（以下简称"格力博"），计10家。

制造业单项冠军企业还积极牵头和参与国际标准、国家及行业标准制定和修订，共主导和参与制定和修订的标准数量累计达281项，其中国际标准12项，国家标准143项，行业标准126项。制定标准最多的是中车戚墅堰所，计84项，平均每家制造业单项冠军企业制定约9项标准，充分展现了企业在行业中的话语权和影响力，发挥了标准化在行业中的基础性、引领性作用，为促进行业高质量发展提供了强有力的技术支撑。天合光能搭建了以海内外优秀科研人员为骨干的技术创新队伍，成为全球太阳能行业的创新引领者和标准制定者，有效发明专利拥有量持续居中国光伏行业领先地位。至2022年年底，天合光能在光伏电池转换效率和组件输出功率方面先后25次创造和刷新世界纪录。中车戚墅堰所主导制定的《球墨铸铁球化率评定方法》是国际上首个球墨铸铁球化率、石墨大小、石墨球数量的评定方法标准，为球墨铸铁的质量控制提供了标准保障，推动我国在全球基础材料领域技术话语权的有效提升。

据不完全统计，至2022年，常州市单项冠军企业共获得国家科技进步奖等国家级科技创新类奖项39个。2021年11月3日，2020年度国家科学技术奖励大会在北京人民大会堂隆重举行，习近平等党和国家领导人出席大会并为获奖代表颁奖。由天合光能、捷佳创、江苏大学和常州大学协同创新、联合攻关的"高效低成本晶硅太阳能电池表界面制造关键技术及应用"项目荣获国家技术发明奖二等奖，这是国家对光伏制造领域重大原理创新及技术突破的最高肯定，是光伏领跑新能源，推动"双碳"目标大跨步前进的重大荣誉。2019年，江苏精研科技股份有限公司（以下简称"精研科技"）凭借

"高性能特种粉体材料近终形制造技术及应用"项目荣获国家技术发明二等奖,该项目在新材料领域首创了近终形微细钨、氮化铝等粉体制备等新技术,引领和推动了我国粉末注射成型产业的形成和发展,解决了我国多项先进装备建设和研发的"卡脖子"问题。

（四）领跑制造业发展——后劲十足

制造业单项冠军企业是全市制造业能级跃升、产业发展振兴的领头羊。全市制造业单项冠军企业中,有15家企业为上市公司,累计募集资金431.27亿元,显现出规范、健康、加速发展的好势头。另有8家企业为"龙腾计划"上市后备企业,其中5家为重点后备企业,3家企业为上市公司子公司。2023年,制造业单项冠军中,有15家企业的19个项目列入全市"532"发展战略重点工业项目库,总投资达285.3亿元。

同时,常州制造业单项冠军还注重拓展国际市场,积极参与"一带一路"建设,目前已有12家制造业单项冠军获得海关信用管理高级认证,2022年进出口总金额达280亿元,占全市总量的8%；有19家制造业单项冠军开展了海外投资活动,包括美国、德国、日本、加拿大等22个国家和地区,累计对外协议投资15.27亿美元。

2023年2月,长海股份的长海高性能纤维复合材料二期项目开工,项目总投资65亿元,新增用地约34.7万平方米,建设车间面积65万平方米,购置生产设备1 500台（套）,项目预计2025年全部达产。达产后,预计可新增高强度高模量玻璃纤维（以下简称"玻纤"）复合材料、低介电玻纤及织物60万吨的生产能力，年新增产值100亿元、税收2.08亿元，长海股份将成为国内一流的高性能纤维复合材料智能制造基地。2023年3月21日，中车戚墅堰所混合所有制改革引入战略投资者暨大兆瓦风力发电（以下简称"风电"）装备产业化基地项目签约仪式在常举行。该项目总投资30亿元，主要用于风电齿轮箱产品的研发、生产和销售，预计2024年建成，2025年投入试运营，2026年达产，强力打造具有全球竞争力的清洁能源装备制造体系，不断擦亮中国高铁和风电两张"亮丽名片"。

三、投我木桃报琼瑶——制造业单项冠军企业展现责任与担当

常州制造业单项冠军企业的培育和成长离不开国家和社会的关爱和支持，同样，制造业单项冠军企业也以"反哺之义"积极回报社会，贡献自身力量。

（一）踊跃参与国家重点项目建设

至2022年年底，我市制造业单项冠军企业共承担国家强基工程和产业基础再造工程等国家级重大项目23个。特别是在上天、入海、高铁等大国工程中，均能找到我市制造业单项冠军企业的技术和产品，它们既是掌握关键核心技术的"单打冠军""配套专家"，又是领跑性技术和颠覆性创新的"策源地"。

2018年，国家天文台启动了"中国天眼"（500米口径

球面射电望远镜）液压促动器升级项目。恒立液压在多次研讨、试制与试验后，成功中标该项目。截至2023年3月31日，2 225台液压促动器全部交付，受到了专家一致好评，为国家天文事业做出了巨大贡献。上上电缆的产品应用在中国具有完全自主知识产权的第三代核电"华龙一号"中，作为核电站壳内电缆，对保障核电站安全运行发挥着重要作用，堪称电缆界"皇冠上的明珠"。星宇车灯凭借过硬的技术，参与并承担了两代国家领导人使用的国庆大阅兵高级检阅车"红旗"车灯的设计研发和制造，在国庆的喜悦气氛中增添了荣光与智慧的"星宇元素"。

（二）为国分忧，攻克"卡脖子"难关

国与国竞争的关键是核心技术的竞争。打破技术壁垒，攻克"卡脖子"技术是制造业单项冠军企业报效祖国的历史重任与时代担当。常州制造业单项冠军企业以"黄沙百战穿金甲，不破楼兰终不还"的精神和韧劲，攻克了一个又一个关系到技术创新、产业补链、国计民生的"卡脖子"难关。

为打破世界对中国光刻胶原材料的长期封锁和产品垄断，强力先端先后开发多项产品，被列入国家技术研究发展计划（"863计划"）和江苏省高科技产业发展（"841攀登计划"）100个重大战略产品，成为工信部"化工新材料补短板工程"所列项目之一，为国家关键领域补齐了短板。齿轮传动系统是高铁列车能量转换与动力传递的关键设备，从技术到工艺都长期被德国和日本等国的公司垄断。中车戚墅堰所的研发团队在引进、消化日本技术的基础上，攻克了齿轮箱制造技术难题，成功研制出我国首套具备自主知识产权的"高铁列车齿轮传动系统"，在京沪线上跑出了最高时速486.1千米的"中国速度"。

大丝束碳纤维及复合材料制备应用技术一直是行业短板，其关键技术及制品供应长期被欧、美、日等的巨头公司所掌握。为解决原材料"卡脖子"难题，宏发纵横投资50亿元在常州高新区建设碳纤维产业基地，仅用一年时间就打通了高性能大丝束碳纤维高效预氧化碳化量产技术路线，建成了国内首条年产3 000吨50K大丝束碳纤维碳化生产线并一次性试车成功，达到国际先进水平。

（三）大力支撑工业规模化发展

2022年，全市制造业单项冠军企业完成工业总产值1 594.5亿元，以占全市规上工业0.5%的企业完成全市10.5%的规上工业总产值，平均每家制造业单项冠军完成工业总产值51.4亿元。全市制造业单项冠军企业实现营业收入2 309.5亿元，占全市规上工业比重达14%，平均每家制造业单项冠军完成营业收入达74.5亿元。此外，制造业单项冠军企业作为产业链链主企业在建链、补链、固链、强链中发挥了核心作用，在全市"十链突破、百企领航、千景应用"实践中发挥了引领作用。同时，制造业单项冠军企业还以大中小企业融通发展的新模式带动一大批中小企业集聚发展、集群发展。天合光能、新誉集团、江苏龙城精锻集团有限公司（以下简称"龙城精锻"）等企业分别在常州国家高新区、武进国家高新区两个省级大中小企业融通示范区建设中发挥着龙头辐射作用。

（四）争做税收和就业的排头兵

2022年，全市制造业单项冠军企业实现利润总额126亿元，占全市规上工业企业利润总额的13.4%；共上缴税收41.8亿元，占全市规上工业企业税收总额的13.3%，户均税收达1.35亿元。2022年，中天钢铁等16家制造业单项冠军获评常州市工业五星级企业。制造业单项冠军企业还在吸纳就业、促进稳定方面发挥了重要作用，在关爱员工、保障和谐方面弘扬了正能量。2022年，全市制造业单项冠军从业人员超6.7万人，平均每家企业提供就业岗位2 097个，远超全市制造业企业平均水平。星宇车灯是拥有6 000多名员工的"大厂"，公司以"星宇车灯，照亮世界"为使命，坚持践行"爱、感恩、责任"的家文化，推出员工股票激励计划，推行"职工利润分享计划"，受益员工3 200多人。公司先后获得全国工人先锋号、江苏省"模范职工之家"等荣誉称号。

（五）关爱社会，热衷慈善事业

全市制造业单项冠军企业带头参与社会公益，积极投身各类慈善事业，充分展现了制造业单项冠军企业的家国情怀。据不完全统计，2020—2022年，江苏武进不锈股份有限公司（以下简称"武进不锈"）等15家制造业单项冠军企业通过市红十字会进行了捐赠，现金捐赠额达3 011.8万元，物资捐赠价值64.5万元，重点用于支援武汉、常州等地抗击新冠疫情，支援常州开展助老、助学、助困、助残，支援常州本地院校开展人才培养。近年来，江苏海鸥冷却塔股份有限公司（以下简称"海鸥股份"）等11家制造业单项冠军企业通过各级慈善总会进行了捐赠，捐赠数额达10 514.1万元。此外，其他渠道的临时性捐赠更是不计其数。今创集团股份有限公司（以下简称"今创集团"）一直秉承这样的理念："做人要讲道德和良心，企业也一样，不能忘恩负义，当党和政府、人民需要的时候，应该义不容辞地担起责任，毫不吝啬地回报社会！"据不完全统计，近年来，今创集团为社会各类慈善事业捐款累计高达1亿元。

四、鸿鹄展翅天地宽——制造业单项冠军企业再创新辉煌

欲穷千里目，更上一层楼。目前，我市制造业单项冠军企业正起步于时代的前沿，朝着更高的目标展翅飞翔。

（一）抢占新赛道——助力"新能源之都"建设

2023年初，常州市委、市政府召开了新春第一会，吹响了打造引领长三角、全国领先、全球有影响力的"新能源之都"的奋进号角。新能源产业已经成为常州锻造发展优势的新赛道，是制造业单项冠军企业奔赴的主战场，也必将成为孕育新一批制造业单项冠军的摇篮。

近年来，江苏华鹏投资30亿元兴建全球最大的新能源变压器生产基地，目前一期项目已完成建设；预期达产后，可新

增年销售50亿元。龙城精锻创新性布局新能源汽车零部件，年产700万件新能源车用高精密关键零部件研发及产业化项目顺利投建，部分产品已经配套于新能源汽车。项目建成达产后，龙城精锻有望保持每年10%—20%的增速。天合光能牵头建设全球最大、海拔最高的水光互补电站——雅砻江柯拉光伏电站，电站位于海拔4 000多米的川西高原，装机规模达到100万千瓦，建成后每年可提供20亿度清洁能源。

（二）集聚新动能——勇攀创新制高点

我市制造业单项冠军企业不仅注重量的扩张，更加注重质的提升。在绿色发展、服务化转型、市场开拓与营销、企业质量管理、供应链流程再造、人才团队建设、绩效体系管理、战略规划管理、安全生产管理、企业文化建设等方面进行精益化管理探索和创新。推动企业建立完善现代企业管理制度，以规范、高效经营为企业成为百年名企奠定坚实基础。

近年来，中天钢铁秉承"人才是第一资源，是强企之本，兴企之计"的理念，打造人才强企生态链，发起"人才强企发展规划"；启动"百人计划"，挖掘高潜质人才，打造高级管理者和技术领军型人才队伍；投入3亿元启动硕博人才引智计划，硕士年薪25万至50万元，博士年薪50万至120万元，并提供一套约100平方米的产权住房，让人才与企业共成长、同进步，在新时代新征程上一展宏图。上上电缆独创了"四个人人"质量管理模式，以大数据为基础，以"六化"（标准化、精细化、数据化、即时化、可视化、高效化）

为支撑,以"四个人人"为核心,实现"员工当家做主"的目标。将员工成长与企业发展、将个人贡献与工资待遇紧密相连,形成利益共同体,实现员工的高度自主管理,形成以人为本的管理新境界!

(三)拓展新战场——大力实施全球化战略

制造业单项冠军不仅是全国的冠军,更应争当全球冠军。在全球化布局的浪潮中,我市制造业单项冠军企业勇立潮头,中流击水,展现了引人注目的中国制造这一"中国名片"。

天合光能坚定不移践行"用太阳能造福全人类"的使命,始终致力于成为全球光伏智慧能源解决方案的领导者。天合光能起步于常州,并在常州设立了全球总部。业务遍布全球150多个国家和地区,公司在品牌、渠道、技术、生产等方面有深厚的积累,产品在全球市场广受认可。五洋纺机着力打造纺织行业首个数字工厂,国内首创经编生产线智能管理系统,产品性能和国际巨头同台竞技,极大增强了企业的全球综合竞争能力;从一座城市到30多个国家或地区,实现对东南亚、南美和中东等地区的覆盖。格力博建立了"商超+电商+经销商"线上线下全渠道覆盖的销售模式,产品覆盖全球前十大综合性建材和生活超市,拥有优质的客户资源。海鸥股份响应国家"一带一路"倡议,"内涵式发展+外延式拓张"的发展战略帮助其抢占了国际舞台,建立起全球化的服务能力,在全球范围已拥有子公司21家,生产基地4家,授权销售代理11家,已成功为一批世界级石化、冶金等行业巨头实施冷却塔建设项目 1 000 多个，足迹遍布全球 70 多个国家或地区，真正将中国品牌打向了国际市场，使"中国海鸥"成为"全球海鸥"。

在全球范围内，我们的制造业单项冠军企业曾经是"跟随者"，现在是"参与者"，未来将力争成为"引领者"。

五、而今迈步从头越——制造业单项冠军企业培育没有最好只有更好

常州制造业单项冠军企业培育发展工作历经 7 个年头的风风雨雨和艰辛努力，终于到达了史无前例的高度。向更高、更强、更快的目标迈进，是摆在我们面前的不可回避的重大理论课题和现实任务。只有调整心态，一切归零，从头开始，才能延续传奇和辉煌。

我们要坚持蓄力储备，结合常州产业基础条件和"新能源之都"建设要求，厘定全市制造业单项冠军培育计划，在以新能源产业为主导的十大先进制造业集群中打好储备牌、建好蓄水池，推动更多专精特新"小巨人"成长为制造业单项冠军。

我们要弘扬企业家精神，激发勇争一流、深耕主业、善于创新、追求卓越的企业家精气神，造就一大批站在新时代、拥有新理念的制造业单项冠军企业掌舵人。

我们要加快人才引育，全力建设"两湖"创新区、长三角青年创新创业港等高端创新平台，吸引一流创新人才；充分发挥常州职教资源优势和在常高校、在常科研院所作用，深

化校企合作,推动创新成果落地;特别重视对青年人才的保障力度,打造制造业单项冠军企业对人才的"强磁场"。

我们要聚焦创新,围绕产业链、资金链、人才链、政策链等,注重融合式推进,统筹服务资源,增强服务功能,打造一流公共服务体系,聚焦为制造业单项冠军企业构筑崭新的发展生态。

我们坚信:只要政府、企业、社会各界凝心聚力,朝着一个共同目标努力奋斗,常州的制造业单项冠军将越来越多!常州的制造业将越来越强!常州明天将更加灿烂辉煌!

执笔人:陈爱萍

第二章

锲而不舍　金石可镂
—— 制造业单项冠军之专精特新篇

宝剑锋从磨砺出，梅花香自苦寒来！每一个制造业单项冠军都不是天生的，其成长经历无不凝聚着创业的艰辛与创新的挑战，其发展道路无不诠释着一个又一个令人叹为观止的传奇故事。而这些故事的永恒主题就是咬定青山不放松，锚定细分领域，聚焦主业深耕，几十年磨一剑，走"专精特新"之路，从名不见经传的小企业成就为世界一流的行业巨人。

精研科技：
专注细分市场　成就 MIM 行业"领头羊"

金属粉末注射成型技术（Metal Powder Injection Molding Technology，简称 MIM 技术）是一种将金属粉末与一定的黏合剂混合料注射于模型中的成型方法，适于生产小型、三维复杂形状以及具有特殊性能要求的制品。MIM 技术最早可以追溯到 20 世纪 20 年代的陶瓷粉末注射成型技术，直到 1980 年，美国 Witec 公司率先改用金属粉末，粉末注射成型才开始进入商业化轨道，之后被广泛应用到医疗、军用、电器、机械等领域之中，被誉为"当今最热门的零部件成型技术"和"21 世纪的成型技术"。

一、把握机遇切入电子消费赛道，开启 MIM 领域战略性跨步

2004 年，一次偶然的机会，精研科技创始人、董事长了解到了 MIM 技术，当时国内对 MIM 技术尚处于探索阶段。这位南京理工大学毕业的高材生敏锐地意识到，电子产品的革命将会成为 MIM 市场的"引爆点"。这一年，他果断在常州市钟楼区投资创办了精研科技。

2012 年，精研科技做出了一个让很多人捏把汗的决定：用高出当时市场一倍的价格购买了一台二手的德国烧结炉。但正是因为这台烧结炉，公司的产能和产品的质量得到了大幅提高，最终凭借稳定可靠的产品质量奇迹般地抢下了微软

首款平板电脑中支撑架全套零部件的订单。当时竞争微软这个单子，精研科技是全球16家供应商之一，而且排名靠后，却敢于与日本、韩国、新加坡的大企业竞争抢单，最终做到了微软92%的份额。微软一战，让精研科技看到了消费电子领域中蕴藏的巨大潜力，于是决定将产品全面聚焦到消费电子行业中，自此开启了MIM领域的战略性跨步。20年来，精研科技一直专注于MIM前沿技术研发，专攻定制化MIM核心零部件，产品广泛应用于各大领域，公司也因此成了苹果、三星、谷歌、特斯拉、本田、上汽通用、舍弗勒、康明斯等众多世界500强企业的合作伙伴。公司有一个"百宝箱"：一只精巧的白色塑料盒子，里面装着精研科技研发的数百款产品，单件平均重量不到10克，其中最轻的只有0.028克。每次拜访客户时，董事长都会带着这个盒子，如数家珍般地介绍自己企业的产品。目前，精研科技已成为国内领先的MIM产品生产商和解决方案提供商。

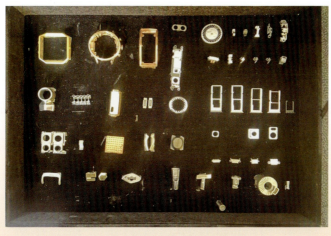

精研科技的"百宝箱"

二、自主创新打造核心技术，成就 MIM 行业"领头羊"

喂料技术作为 MIM 技术的核心制程，对产品的精度起到了决定性作用。长期以来，喂料制备技术、金属粉末和黏合剂成分体系掌握在巴斯夫集团等国外少数巨头手中。

2012 年以来，精研科技开启了自主研发之路，与北京科技大学、常州大学等高校共同开展高性能金属粉末注射成型专用料、热脱脂黏合剂以及铝合金粉末注射成型与表面改性技术研究。经过研发团队的努力拼搏，成功研制出了具有自主知识产权的金属粉末注射成型喂料黏结剂配方及制备方法，获得了发明专利，打破了对国外金属粉末的依赖和国外原材料的垄断。这项重大突破，不仅大大降低了企业的生产成本及周期，而且对我国通信电子、高精密传感器、微创医疗器械等产业的发展具有极为重要的意义。

精研科技不断加码研发，又发明了适用于注射成型的高性能新型合金体系和粉末级配技术，打破了传统 MIM 材料体系的局限性，先后研发出钛合金、钴合金、铜合金、高温合金、铝合金、磁性材料等专用喂料，极大扩充了金属注射成型的材料体系，在实现喂料自主化的同时加速占领新材料市场。值得一提的是，精研科技是最早把医疗行业常用的钴金属引入消费类电子行业的企业。钴铬合金产品一经问世，便凭借其高强度、高耐蚀以及绝对无磁等优良特性，得到了众多国内外知名客户的高度认可。

与此同时，精研科技还通过对成分和工艺的调整，实现了对材料力、热、电、磁等性能的自主可控,应用粉末级配技术显著改善了高性能复杂精密零部件的烧结变形,彻底解决了金属注射成型喂料流动性低、脱脂效率低、灰分残留高等问题,并且显著提高了金属注射成型金属零部件的表面质量、理化性能及尺寸精度,实现了注射成型超薄件(0.08毫米)的快速均匀填充。

精研科技模具车间

为抢占行业领先优势，2012年以来，精研科技先后承建了"江苏省粉末注射成型工程技术研究中心""江苏省钛合金粉末注射成型技术工程中心"两个大型技术研究项目，参与编制了中国机械行业标准《金属注射成型材料第1部分：烧结低合金钢、不锈钢技术条件》；2019年，以"高性能特种粉体材料近终形制造技术及应用"项目获得了国家技术发明二等奖。公司每年研发投入占比都在6%—10%之间，截至2022年12月30日，精研科技技术研发人员占比达到16%，拥有有效授权专利126项，已逐步建立起自身的行业技术优势，成为行业内少数具备MIM全制程能力的企业之一。产品涵盖了摄像头支架、连接器接口、装饰圈、手机转轴件、穿戴结构件、折叠屏手机铰链、汽车零部件等诸多细分门类，尤其是在生产工艺和产品的尺寸公差、屈服强度、抗拉强度、密度等方面，已经达到全球领先的水平。

三、优化布局推动转型升级，拓展持续增长新空间

2017年，精研科技在深交所创业板A股成功上市，2021年获工信部制造业单项冠军示范企业称号，这些都是对精研科技在金属注射成型赛道上成绩的肯定。如今的精研科技在寻找新的突破方向，努力打造一个名副其实的"微型金属零部件制造王国"。

2021年，公司提出了"归零重起步，再创新精研"的发展主题，努力打造"多条腿走路"的新发展格局。为此，

公司已在2020年提前布局，启动了新一轮项目建设。新项目占地14.7万平方米，建筑面积达到17.8万平方米，一期已完工，二期在建，肩负着精研科技加码扩大产能、延伸产业链以及研发自主先进工艺、技术三项重要使命。

扩大生产能力，满足5G消费电子市场快速增长需求。近年来，消费电子领域产品创新设计开发能力逐步深化，产品迭代周期不断缩短。在各消费电子厂商对MIM工艺认知持续提升的发展趋势下，MIM零部件在高端电子产品中的应用愈发广泛。公司在消费电子行业销量增长迅猛，2021年的增幅达到53.6%。为打开未来增长空间，公司进一步加大投资扩产力度，拟新增组件流水线60条、生产线17条，各类设备1 953台（套），形成年产消费电子精密零部件5亿套，高精密、高性能传动系统组件480万套（台）的生产能力，从而迅速迎合下游市场对于MIM产品快速增长的需求。

优化产业布局，带动MIM行业产业链上下游发展。电子信息、数字控制、精密成型等技术的发展，赋予了机械传动零部件制品更大的生存空间和更加强大的竞争能力。对于MIM行业而言，这又是一次宝贵的机遇。基于强大的自研能力，精研科技抓住契机果断开拓下游市场，将产品由消费电子零部件向精密传动组件延伸（电机＋齿轮箱模组、折叠屏转轴等）。在传统技术的基础上，公司采用新型高强度材料零件制造工艺，实现了最小外径4.4毫米的精密减速组件和尺寸小于12毫米的精密铰链组件的生产，在保证精密的

同时，使用寿命可达 20 万次，提供了"体积更小、性能更稳定"的优异用户体验。以折叠屏手机为例，安卓系统手机最新发布的旗舰折叠屏手机上，搭载了精研科技水滴形态超耐磨 MIM 合金转轴，相较于其他同类转轴，厚度减少 18%、重量减轻 35%，整机厚度仅仅 5.4 毫米，这也刷新了现有 5G 折叠屏手机最薄纪录。

提升核心技术，完成产线高端化的升级改造。新项目除引进国外先进的 MIM 核心工艺设备及其他后制程设备外，还将通过密炼造粒一体化设备、清洗线体设备等方式直接提高自动化作业效率，并在产品整形、外观检测等方面加大自动化设备投入，在硬件设备端构建先进的基础设施保障，进一步夯实公司设计、制造精密度以及高效自动化生产能力。在此基础之上，精研科技还将依托技术研发的优势，重点攻克三维高精密复杂微型核心金属零部件制造的关键共性技术问题，进一步提升 MIM 产品的行业地位和国际竞争力。

成绩只能说明过去，不能说明现在和将来！展望未来，公司将百尺竿头，更进一步。持续专注于 MIM 主业，锚定打造长三角金属注射成型行业"硅谷"的目标，在科技创新的道路上砥砺前行，为我国消费电子产业领域发展注入不竭动力！

执笔人：徐行至

编者点评

  二十年深耕易耨，精研科技从常州这块土地上跃然而起，凭借着执着的钻研精神、领先的技术水平、稳定的产品品质，一步一个脚印，一步一个台阶，已然成长为一个微型金属零部件行业的"巨人"。精研科技的成功既是企业家和企业的成功，也是常州制造业"专精特新"培育的一个示范标杆！

科试中心：
跨越世纪的追求 —— 做煤矿辅助运输业引领者

在距离我国主要产煤区千里之遥的常州，居然坐落着一家专注于煤矿辅助运输的企业——常州科研试制中心有限公司，其传奇历程整整跨越了半个世纪。20世纪80年代前后，我国采煤行业以引进国外先进技术和装备为主，煤矿辅助运输制造领域长期受到国外的技术封锁。为打破这一格局，国家确立了自主研发和引进技术"两条腿"走路的方针。在此背景下，1978年，煤炭科学研究总院常州科研试制中心成立，这是科试中心的前身。自此，企业开启了跨越两个世纪、近50年的发展历程。企业凭借一股"咬定青山不放松"的"专"劲，专注于煤矿辅助运输领域，专注于客户需求，用专业精神、专业技术打造专业品质、专业服务。1980年研制成功国内第一根矿用单体液压支柱，1987年发明国内第一台无极绳牵引车，1996年开发国内第一台国产无轨胶轮车。一系列的首创成就奠定了科试中心在煤矿辅助运输领域的领先地位，使其成为国内唯一从事煤矿辅助运输设备的专业研究单位。2022年公司煤矿井下用防爆车荣获工信部制造业单项冠军产品称号，产品销售额达到13.53亿元，资产达到19亿元。

一、聚焦安全，率先实现国产化替代

在煤炭生产中，煤炭设备运输事故是仅次于煤矿瓦斯泄

漏、矿井坍塌的第三大煤矿事故，因此煤炭辅助运输装备对于煤矿安全至关重要，而防爆车型可以大大降低煤炭生产的安全隐患。在科试防爆车国产化研究成功之前，整个市场只能依靠国外进口车辆。而进口车辆及车辆配件价格高，并且由于煤矿井下工况不好，进口车辆损坏频繁，进口配件供应周期长、维修困难，有时甚至长达半年以上，严重影响煤矿井下防爆车辆正常使用。鉴于现实需求，科试中心自主研发了防爆动力系统、电启动装置和监控保护系统等先进技术，发明了煤矿井下防爆柴油机等关键零部件，实现了防爆车国产化。采用的原部件均实现国产化，且绝大部分为国产工程机械使用的成熟产品，备件供应及时方便且价格低廉，维护使用成本明显降低，节省了煤矿用户的使用成本。经多年发展，科试中心已率先实现产品系列化和功能多样化，助力我国防爆车领域实现完全替代进口，2015—2021年科试中研发的煤矿井下用防爆车市场占有率均在45%以上，一直保持首位。

二、聚焦效能，实施"小绞车替代工程"

"小绞车替代工程"，最初就是由科试中心董事长提出的，这也是企业经过充分的市场调研后得出的结论。科试中心开发的另一项拳头产品——无极绳连续牵引车，直接利用井下现有轨道系统，实现不经转载的连续直达运输，大大降低劳动强度，提高生产效率，减少不安全因素，被中国煤炭工业协会推荐为"小绞车替代工程"首选产品。使

用该公司生产的无极绳牵引车或无轨胶轮车替代小绞车，可以减少辅助人员20%左右，大大提高了煤矿辅助运输经济效益和工作效能。

三、聚焦服务，提供"产品+服务"模式

煤矿井下路况恶劣，用户操作不专业，车辆野蛮驾驶受损严重，油品消耗大，车辆采购及配件库存占用资金大等诸多因素使得煤矿产业普遍面临高成本、高风险、高污染等困境。为满足客户需求，结合市场需求变化，科试中心制定了以"产品全生命周期管理及全过程服务"为特色的经营模式，由以往仅提供"产品"向提供"产品+服务"模式转变。企业专门增设常州科试技术服务有限公司，全面负责产品的专业化、智能化、信息化服务营销网点建设，在全国重点大中型矿区设有销售点和服务网点，已有60多支服务队和1 000多位专业服务人员，提供24小时驻矿维保服务，提升了企业的服务能力和市场竞争力，解决车辆运营、维修、保养和再利用等问题，极大地提高了煤矿井下作业效率。

四、聚焦智能，做煤炭工业的引领者

为解决煤矿企业对车辆性能、使用场景和环保效益等方面的特殊需求，科试中心与清华大学、中国矿业大学等高校的科研院所进行产学研合作，积极主导并参与技术创

新活动,研制煤矿井下车辆、定制化车辆及功能作业车等,并对车辆进行节能减排的改造升级,推动煤矿井下辅助运输技术进步,满足客户定制需求。目前,科试中心已建设1 000米环形试验场,设有综合实验室,在企业内即可完成产品检测、可靠性实验研究。

科试中心的环形试车场

近年来,为契合智慧矿区"无人则安,少人则安"的理念,将煤矿工人从危险岗位和繁重体力劳动中解放出来,科试中心大力开展煤矿井下无人驾驶无轨胶轮车研究和开发,分别与畅行智能和中国煤炭科工集团常州研究院开展战略及技术合作,在国内首次实现煤矿井下无轨胶轮车的无人驾驶。

科试中心研制的智能网联新能源防爆车

无人驾驶系统融合了超宽带无线通信技术(UWB)定位、高精度地图、车载惯导、轮速计算等系统,能够有效适应矿井中"长廊效应"、无卫星信号、高粉尘高湿度、低照度等复杂的工作环境,目前已在麻地梁矿、曹家滩矿、小保当矿中应用。除单车智能外,科试中心还应用大数据、云计算等技术,集成多种软件,衔接研发、生产、服务等环节的管理系统,形成管理、服务用户的综合管理平台。利用T-box车联网终端采集车辆信息,传输至平台处理后,形成统计报表,供用户、司机等查询使用。目前该平台已在神东所有煤矿搭成运行，接入车辆超1 000台，能监测车辆运行里程、车速、发动机温度等，为车辆运维、服务结算、产品创新等提供依据。防爆运输设备无人驾驶系统的应用有序推进了煤矿井下物料运输的连续化、标准化、智能化，提高了辅助运输效率和矿井安全生产水平，有力促进了我国智能矿山的发展。

回顾过去，科试中心伴随着中国煤炭工业的发展而不断前行，以"不变"的创业精神，回应客户的"万变需求"，成为行业创新的引领者。展望未来，企业将进一步实现专业化、品牌化、电动化、信息化、智能化，为中国煤炭工业的现代化建设再立新功！

执笔人：方健

编者点评

矿道虽窄，却能产出精煤；细分市场虽小，亦能培育制造业单项冠军。科试中心以"专业"的理念，"钻井"的锐志，扎根煤矿辅助运输行业，聚焦客户关注的热点、难点、焦点，以半个世纪的执着与奉献，成就了自身的梦想——做煤矿辅助运输业引领者。

江苏华鹏：
华夏之鹏鸟　大国之重器

2019年夏天，一台重量约227吨的中国产电力变压器，经船运抵达美国休斯敦港口后，准备运往科罗拉多州一座为丹佛市供电的变电站。但美国联邦官员在港口"没收"了这台设备，并"护送"前往新墨西哥州的桑迪亚国家实验室……这台在休斯敦港口被"截"的大型电力变压器产自江苏华鹏变压器有限公司。这就是轰动一时的"变压器门"事件。虽然这次事件至今仍是"悬案"，但企业从未收到关于产品方面的任何异议，且对方货款早已支付。华鹏变压器在美国的离奇漂流经历，使得企业引起了国外主流媒体的关注。《华尔街日报》曾这样报道：JSHP（江苏华鹏英文商标）是世界上规模最大的变压器制造厂之一。

110千伏电压等级变压器

一、深耕变压器领域，一家独大

江苏华鹏是一家从事变压器生产的高新技术企业，国家定点生产电力变压器和特种变压器的专业制造企业。公司成立于1967年，前身是溧阳县电机厂。当时国内电力需求变大带来变压器行业的迅速发展，国家电力行业需要企业去填补技术和研发的空白。而江苏华鹏瞄准了这个方向不断深耕，秉承"质量是生命"的理念，专注于变压器"高、精、尖"领域的研发制造，紧抓高端产品优势，以技术创新赋能传统制造，精准施策突破攻坚难点，通过数十年的沉淀，逐步形成了自身的核心竞争优势。公司拥有国家级企业技术中心，企业院士工作站，年生产能力120 000兆伏安。公司产品电压等级实现了0.4—850千伏变压器品种全覆盖，容量最大达2 400兆伏安，占全球电力变压器市场品种的80%以上。其中，110千伏电力变压器在2021年被评为工信部制造业单项冠军产品。公司先后被评为江苏省百家重点培育发展企业、中国机械工业企业核心竞争力100强企业、中国机械工业百强、江苏民营企业创新100强企业等。

历经多年的持续研发创新，江苏华鹏相继打造了一系列行业首创、世界一流的"大国重器"。其生产、销售的110千伏电力变压器产销量连续十多年位居全国第一、连续多年蝉联全球单个企业销售第一。截至2023年6月，110千伏及以上产品发运超11 800台（全球最多），被广泛应用于特高压、国内轨道交通（以下简称"轨交"）（深圳、南京、武汉、广州等）、石油化工［中国石油天然气集团有限公司（以下简称"中石油"）、中国石油化工集团有限公司（以下简称"中石化"）、中国海洋石油集团有限公司、陕西延长石油(集团)有限公司等］、航空航天（酒泉、文昌等）、高层建筑等各个领域和板块，并远销北美、南美、欧洲、东南亚、非洲、中东等88个国家或地区。

二、聚焦新能源赛道，砥砺前行

江苏华鹏自2006年就开展了新能源发电用箱变产品的研发与制造，是中国变压器行业内最早一批步入该领域的企业。由于对新能源发展的迫切需求，公司与华为、阳光电源等逆变器企业合作，为其出口逆变器提供配套的新能源发电用变压器。因产品质量优异、性能稳定可靠、性价比高、交付周期短从而快速得到了全球新能源市场的认可。

随着国家能源政策的深入，在深耕传统电力市场的基础上，江苏华鹏积极响应国家"双碳"目标的号召，进一步研究110千伏变压器的节能降耗技术。2015年开发了110千伏级环保节能型电力变压器并通过机械工业联合会组织的专家鉴定，产品空载损耗在国内普遍的"11型"基础上降低了50%，达到国际先进水平，产品优于一级能效，被工信部列为能效之星。公司研发的SZ-50000/110（JN）及SZ-63000/110（JN）环保节能电力变压器被评为江苏省高新技术产品。节能型产品降低运行损耗的效果十分明显，可为电力用户节约大量的运行费用，在废气排放、环境保护方面也具有非常好的社会效益。

华鹏生产的1 000兆伏安 500千伏 三相一体主变压器

十多年栉风沐雨,新能源产业已经成为常州锻造发展优势的新赛道。在全新的赛道上,江苏华鹏早已跑出了自己的"加速度",成为全球最大的新能源发电用变压器制造厂。针对海上风电领域变压器市场长期被国外企业垄断的状况,公司先后自主研发了8 200千伏安 35千伏海上风电机舱变压器(国内首台通过内燃弧试验的机舱安装变压器)和11 000千伏安 66千伏海上风电机舱变压器(国内通过内燃弧试验容量最大、电压等级最高的机舱安装变压器)。此外,公司还研制成功了世界首台63 000千伏安 110千伏干式变压器,该产品是目前世界上容量最大的干式变压器,能有效减少温室效应气体六氟化硫的排放。目前,公司新能源产品已广泛应用于光伏、风电、水电、核电、储能、海上平台等各大领域，是全国五大发电公司的合格供应商。自 2019 年以来，公司投资 30 亿元兴建全球最大的新能源变压器生产基地，预期达产后，可新增年销售额 50 亿元。特别值得一提的是，2022 年 6 月 28 日凌晨，江苏华鹏为中广核兴安盟 300 万千瓦风电扶贫项目提供的 1 000 兆伏安 500 千伏主变压器，一次性成功并网运行！该项目的变压器是中广核在新能源建设项目中最高电压、最大容量的变压器，通过国家级鉴定，综合性能国际领先。

2022 年，公司出口新能源发电用箱式发电站业务再创新高，全年累计出货超 15 吉瓦，金额达 12 亿元，其中配套华为数字能源公司出口的 20 尺和 40 尺集装箱箱式发电站约 900 台，主要发往法国、德国、英国、意大利、西班牙、葡萄牙等欧洲市场。发往新加坡的 18 台 6 500 千伏安的 20 尺集装箱一体机，是东南亚地区首个百兆瓦时级储能规模化商业应用的标杆项目，进一步助力了新加坡电网的稳定安全运行。公司给阳光电源在北美、南美、欧洲、中东等市场累计交付约 2 000 台 3 600—8 800 千伏安的油浸式变压器产品，其中包括意大利国家电力公司（ENEL）、沙特国际电力和水务公司（ACWA）、法国天然气苏伊士集团（ENGIE）、法国电力集团（EDF）等国际知名能源客户。如今的江苏华鹏仍在不断扩大海外新能源电力市场份额，截至 2022 年年底，公司累计出口的新能源发电用箱变容量超 50 吉瓦，产品遍布近 90 个国家和地区。

五十年精耕细作，江苏华鹏成就了制造业单项冠军；十多年栉风沐雨，江苏华鹏在新能源产业全新的赛道上大踏步前行，成为全球最大的新能源发电用变压器制造企业。

执笔人：鲁洺仪

编者点评

居高声自远，非是藉秋风。华鹏变压器的传奇故事并不是靠外国人书写的，而是靠自己的远见、品质、技术和实力书写的！越过"知天命之年"的江苏华鹏不但没有显露垂老之态，而是在新能源赛道上如庄子所描述的大鹏一样振翅高飞，绝云气，负青天，展现图南之志！

江苏国茂：
以"减速"谋"加速" 用"传动"促发展

中国近现代以来，常武地区就有着良好的工业发展基础，改革开放以后更是在"苏南模式"的浪潮中，涌现了一大批优秀的民营企业，常州国泰减速机厂就是其中的佼佼者之一。

1993年常州国泰减速机厂成立，1998年更名为江苏国茂国泰减速机集团有限公司，主打"国茂"牌系列摆线减速机，产品行销国内。到了2011年，公司已经发展成为总资产超10亿元，占地面积25万平方米，总部员工2 100多名，全国销售分公司100多家，总从业人数逾3 000人，年营业总额超50亿元，集机械、轻工、工业园区于一体的当地龙头企业。

江苏国茂减速机股份有限公司总部

进入 21 世纪，公司发展更是走上了快车道。2016 年，企业再次更名为江苏国茂减速机股份有限公司（以下简称"江苏国茂"）。从过去生产单一的"国茂"牌系列摆线减速机，发展到涵盖标准系列、专用系列、大中型非标系列、新品系列、高精密传动等几十个系列上千个品种的减速机，成为完整覆盖各类传动设备立项、设计、研发、生产、售后全流程的国内知名企业。

2019 年，江苏国茂在上海证券交易所 A 股上市，首批募集资金用于年产 35 万台减速机项目、年产 160 万件齿轮项目及研发中心建设项目。这次首次公开募股（IPO）上市是企业发展的里程碑，标志着国茂减速机发展开始谱写全新的篇章。

2021 年 11 月，齿轮减速机作为国茂减速机的拳头产品，获评工信部制造业单项冠军产品称号。

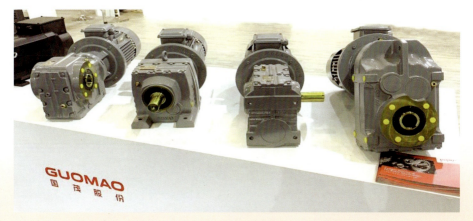

G 系列齿轮减速机

一、一路走来，国茂靠的是创新发展

江苏国茂始终把创新放在增强企业竞争力的核心地位。近年来，公司导入了"服务于大规模定制化制造的信息集成系统"，包括产品生命周期管理（PLM）、业务流程管理（BPM）、高级计划与排程（APS）、制造执行系统（MES）、仓库管理系统（WMS）、供应商关系管理（SRW）等，在齿轮加工、箱体加工、轴加工及组装等众多生产环节导入机加线、装配线，形成低成本制造、准时交付的模式。伴随着各生产线的建成和物流环节的优化，由生产线的"点"到物流环节的"线"再到生产信息系统的"面"，江苏国茂"GPS"形成了点线面三位一体生产管理框架，在物流自动化、产品品质再提升、生产周期再缩短等方面持续改进。

国茂减速机生产现场

目前，江苏国茂已建有江苏省减速机传动机械工程技术中心。公司十分重视研发投入及自主创新能力的提升，在产品研发方面，每年针对新产品开发进行重点投入，年研发投入占销售收入的 3.4% 左右，仅 2020 年公司就投入了 7336 万元研发经费。截至 2023 年 6 月，公司拥有专利 108 项，其中发明专利 21 项；成功注册商标 21 项，其中"国茂 GUOMAO 及图"商标被认定为"中国驰名商标"。专利转化运用 78 件，专利产品销售额 14.13 亿元，专利产品销售额占企业总销售额比例为 91%。近年来，公司多次主导或参与制定国家、行业及团体标准，牵头制定了《圆柱齿轮 ISO 齿面公差分级制 第 1 部分：齿面偏差的定义和允许值》（GB/T 10095.1—2022）等标准。同时，积极融入公司专利技术，形成技术壁垒，提升公司的技术竞争力，最大化的发挥公司专利技术的运用价值。

二、一路走来，国茂靠的是多元发展

公司努力开拓细分领域，抓住近年来工程机械蓬勃发展的大背景，紧盯应用于塔机、风电、混凝土搅拌、重型叉车等机器设备的专用减速机，开拓细分市场。

江苏国茂研发的 GLW 系列回转驱动减速机适用于建筑起重机，精度高、结构紧凑，并带有侧向齿隙调节等选材配置，具有径向承载能力大等优点，在有限空间内集成了回转、减速、驱动功能于一体，已经成功应用于徐州工程机械集团有限公司（以下简称"徐工集团"）和中联重科股份有限公司（以下简称"中联重科"）生产的各类工程塔机。

面向挖掘机等履带式工程设备，江苏国茂开发的GTR-T系列行走驱动减速机，最大型的GTR180T型号最大可以承载180 000牛·米的扭矩，其所有行走驱动都可以配置紧急停车制动器，安装插入式马达，为用户提供更加安全稳定、快速高效的工作保障。

江苏国茂为混凝土搅拌车专门开发了GXM系列减速机，对口满足混凝土搅拌车恶劣的使用工况，提供从60 000—75 000牛·米多种扭矩以及各种传动比方案，与各类常见混凝土搅拌车适配，拥有结构紧凑、易于维护的优势。

除了工程机械减速机外，企业还开发了光伏跟踪支架减速机，2022年已交付江苏中信博新能源科技股份有限公司；大力研发环保设备减速机，2020年3月，公司成功交付餐厨垃圾处理设备主机驱动减速机，配套垃圾资源化处理项目，助力厨余垃圾分类后的减量化和无害化处理。

三、一路走来，国茂靠的是跨越发展

近年来，国茂减速机不仅仅依靠企业原有的实力精耕细作，还采取兼并收购的方式，不断注入行业新鲜血液，快速吸收行业顶尖的科技研发成果，加速实现技术跃进。

2019年，江苏国茂向江苏智马科技有限公司增资2 500万元，持有其20%股权。江苏智马科技有限公司在伺服电机

领域拥有成熟的技术，拥有驱动器、伺服电机、变频器和永磁同步电机等成熟产品线，具备非稀土铁氧磁体电机和超高效永磁辅助磁阻电机系统的研发能力。

2020年江苏国茂设立子公司捷诺传动系统（常州）有限公司，收购常州莱克斯诺传动设备有限公司，以"GNORD"品牌进军高端通用减速机市场，在2021年已经实现约1.65亿元的年销售额。GNORD捷诺高端减速机扩产项目已经在2023年度投产，产能全部释放后将形成约9万台/年高端减速机产能，对应产值约10亿元。

2021年3月，江苏国茂参股中重科技（天津）股份有限公司，出资1.33亿购入2 500万股，占中重科技总股份的7%。江苏国茂成功通过这次交易进入了冶金设备领域的减速机市场，参与到了中厚板及棒线材轧制生产线系列成套设备及特种金属压延设备的产业链，布局了金属冶炼铸造领域的专业设备制造。

2021年以来，江苏国茂设立子公司国茂精密传动（常州）有限公司，对机器人谐波减速器进行布局，力争牢牢握住机器人产业发展的风口。完成了对安徽聚隆机器人减速器有限公司、安徽聚隆启帆精密传动有限公司与减速器有关的部分业务及业务资产的收购，目前月产能2 500台左右谐波减速器，覆盖遨博（北京）智能科技股份有限公司、埃夫特智能装备股份有限公司等客户，并将依托常州当地的协作机器人产业链进行业务拓展。

从 1993 年一路走来，经过三十年的发展，今天的江苏国茂，年销售额 30 亿元，年产各类减速机近百万台，市场占有率近 10%。根据中国通用机械工业协会提供的数据，齿轮减速机在全球市场排名第二，国内市场排名第一，是名副其实的制造业单项冠军。目前，江苏国茂正以成立三十周年为崭新起点，开拓进取，勇于创新，朝着"世界级传动专家"的远景大踏步迈进！

执笔人：崔圣阳

编者点评

气势不凡的公司总部大楼，颇有制造业单项冠军的骄人风范，宽敞舒适的厂区更令人心旷神怡、耳目一新！而三十年前，它却是一个名不见经传的小企业。一路走来，风雨兼程！创新发展、多元发展、跨越发展三位一体，创造了以"减速"谋"加速"、用"传动"促发展的行业奇迹！

纺兴精密：
匠心凝方寸 初心得始终

常州有这么一家企业，占地仅1.2万平方米，销售额仅1亿出头，却能将一以贯之干事创业的"初心"与能工巧匠精雕细琢的独特"匠心"巧妙结合，历经艰苦创业，在强者林立的冠军争夺之中脱颖而出，成为全国规模最小的制造业单项冠军企业之一，它就是常州纺兴精密机械有限公司。

探寻企业的成长历程，人们不禁会好奇：这样一个"袖珍型"企业到底赢在哪里？

一、"择一事，忠一世"，赢在五十年的坚守

化纤纺丝用喷丝板（喷丝头），是化纤纺丝机不可缺少的专用精密零部件，它的质量是保证化学纤维成品质量和良好纺丝工艺的重要条件。化纤原料在高温高压下通过头发丝粗细的精密喷丝微孔后，拉丝成型为纤维的形状。有人形象地把喷丝板称为化纤纺丝机的心脏部件，并称之为金属"工艺品"。早在1970年，常州成立集体性质的第二纺织机械厂就开始涉足喷丝板生产，那时只有十几个员工，几台自制的台式小钻床；1984年，第二纺织机械厂的喷丝板车间独立出来，成立了国有企业——常州喷丝板厂；1993年又与常兴科技（香港）有限公司合资成立常州纺兴精密机械有限公司（以下简称"纺兴精密"），一直延续至今。其间五十年，从组建喷丝

板产品的试制小组到实现喷丝板的从无到有,从技术落后、引进消化到实现产品国产化,从技术改造提升质量到打入国际市场,从无数次技术革新到稳居世界领先。一步步走来,一步步迈进,挺过困难,越过荆棘,时至今日,整整一代人始终不渝地坚守着各类化纤纺丝用喷丝板(喷丝头)的研究制造,先后开发出1万多个品种和规格的喷丝板,其中最细的孔径比头发丝还细。产品获得国家银质奖,2020年获得国家专精特新"小巨人"企业称号,2022年被工信部评定为第七批制造业单项冠军产品企业。冠军产品圆形孔喷丝板产品国内市场占有率46%,全球市场占有率36%,国内外排名均稳居第一。

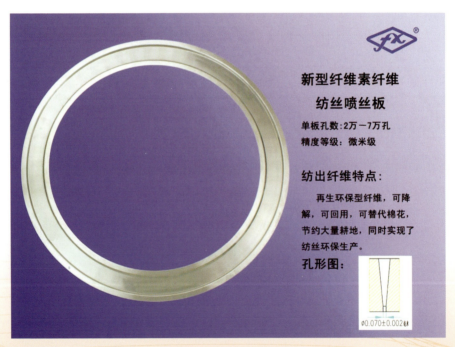

新型纤维素纤维纺丝喷丝板

二、"百折不挠匠人魂",赢在冲锋时的攻坚

喷丝板技术和工艺的每一次突破,产品性能的每一次提高,市场空间的每一次拓展,国际上行业地位的每一次提升,都是纺兴"匠人"不断探索、不断冲锋、不断攻坚骄人业绩的展现。2017年初,中国纺织工业联合会将"新型纤维素纤维纺丝喷丝板"的科技指导性项目任务下达给公司。该项目的基本要求是"产品必须满足纺丝工艺条件,技术水平达到国际先进水平,主要性能指标为国内首创"。企业研发团队立即投入项目攻坚中,快速梳理出各类技术革新需要克服的难关与需要攻克的目标。团队细化分工,先后历经市场调研、技术交流、研发设计、人员培训、工艺摸索、产品试纺改进、工艺论证和确定、设备采购安装调试、试生产等一系列环节。经过无数次沟通、实验、验证、总结提高,历时3年,投入850万元研发经费,终于完成项目并通过验收,且形成了相关产品的生产能力,产品的制造水平和制造质量达到国际先进水平,展现了纺兴精密强大的研发制造能力。

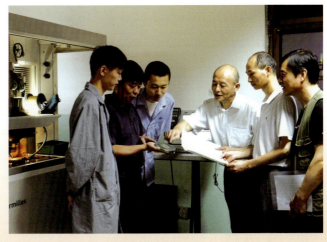

公司领导带领科研团队集体攻关

复杂喷丝板的研发通常需要3年左右时间,纺兴人通过不断的攻坚,目前已形成熔融纺喷丝板系列、湿法纺喷丝板系列、干法纺喷丝板系列等六大类品种,18种产品被评为江苏省高新技术产品,完成国家、省、市下达的6项重大科研课题。自主研发的高端喷丝板新产品有三项为世界首创,累计拥有国家发明专利3项,实用新型专利47项,形成专门的喷丝板制造技术诀窍25项,参与制定产品国际和纺织行业标准4项,其中主导制定的熔融纺丝圆形孔喷丝板标准和参与制定的熔融纺丝异形孔喷丝板标准被确定为行业标准,对行业生产具有广泛指导意义。

三、"祖国如有难,汝应作前锋",赢在危难时的担当

2020年初,一场突如其来的新冠大疫席卷全球,作为最先发现疫情的中国,静默过后急需大量口罩、防护服等重要防疫物资。熔喷布是口罩生产的核心原料,而熔喷布生产的核心部件是熔喷法喷丝板,其加工难度大、精度高、周期长,生产工艺复杂,人机互动多,一块合格的喷丝板需要高精度专业化加工设备与心灵手巧的资深加工能手生产1个月左右时间,才能保证质量达到生产线整体设计要求。2月24日,国家部署中国石化燕山石化公司(以下简称"燕山石化")紧急建设熔喷无纺布生产线,并把4条线配套所需喷丝板的任务通过省市落实到纺兴精密生产,要求首期工程两条生产线在一个月内投产。3月9日,纺兴精

密接到国务院国有资产监督管理委员会（国资委）关于支持重点防疫物资保供的函件，要求紧急协调生产3.2米宽熔喷法喷丝板，助力中石化熔喷生产线早日上线。时间就是命令，纺兴人闻令即动，全体员工精神振奋，尽我所能，与时间赛跑、与疫情赛跑，公司上下边消化图纸要求，边组织配套协作单位提供材料前处理工作，准备相应加工设备、工装刀具，组建专业技术团队，做好生产技术前准备工作，全力做好生产组织工作，做到停人不停机，24小时满负荷生产作业。4月9日，第一套3.2米宽的熔喷法喷丝板部件紧急生产完成，从纺兴精密运往中石化的熔喷布喷丝板，比合同提前6天交货。燕山石化第4条熔喷无纺布生产线建成投产，使燕山石化的熔喷无纺布日生产能力达到12吨，在很大程度上缓解了国内口罩生产企业原材料紧缺的状况。为了优先保障中石化熔喷生产线，纺兴精密取消了不少高价订单，兑现了向中石化做出的一个月提供首块3.2米熔喷布喷丝板的承诺。2020年4月纺兴精密被评为燕山石化熔喷无纺布生产线项目"优秀供应商"，2020年9月被中国纺织机械协会授予"纺织机械防控新冠疫情先进单位"称号。纺兴精密用强大的实力与坚定的责任心展现了公司的担当！

四、"持之以恒逐梦心"，赢在高位时的奋进

纺兴精密目前在国内同行业中可谓"生产最早，质量最

好，技术最精，规模最大"；国际同行业中"生产能力第一、技术装备一流、产品质量上乘"，与日本卡森KASEN喷丝板公司、德国恩卡ENKA公司已一起站在世界喷丝板制造行业的顶峰。但高点即是另一个起点，纺兴精密又在常州新北区启动新厂建设，上马仿生高新技术纤维喷丝板产业化项目。总投资2亿元，用地3.5万平方米，建设厂房设施2.9万平方米，购置（含搬迁）各型设备233台（套），达产产能3 000万孔。新厂建设规模充分考虑了中、长期发展需要，建设智能化、柔性化、生态化的先进喷丝板生产研发基地。截至2023年5月，项目具备了全面投入生产运行的条件。所有加工设备和人员正在有序向新厂迁移，并基本完成搬迁工作。

项目建成后，纺兴精密将主动融入国家经济结构调整、产业转型升级、经济增长方式转变的大环境，以市场为导向，以客户需求为目标，以化纤行业"专、小、精、特、新"差异化发展趋势为引领，继续坚持"做精、做专、做优、做强"的方针，抓好有效投入、开发新品、提高质量、扩大出口、不断开发高质量的喷丝板产品，助力中国的化纤行业绿色、循环、低碳发展。

执笔人：张钧

📝 编者点评

纺兴精密凭借 50 多年喷丝板设计制造的经验积累,抓住我国化纤工业发展的机遇,艰苦创业,大胆创新,坚守奉献,走出了一条"投入少、产出多、效益高"的"专精特新"发展之路,实现了"由小到专、由专到精,由精到强"的战略目标。纺兴精密的发展历程无疑是常州工业发展史中"小桌子上唱大戏"的真实写照!

第三章

中流击水　浪遏飞舟
—— 制造业单项冠军之自主创新篇

问渠那得清如许，为有源头活水来！制造业单项冠军企业的源头活水是创新。只有以市场为导向，通过原始创新、集成创新、集约吸收再创新，加大技术创新投入，加强关键核心技术攻关，掌握自主可控的技术"诀窍"，才能解决"卡脖子"难题，在波云诡谲的市场竞争中立于不败之地！

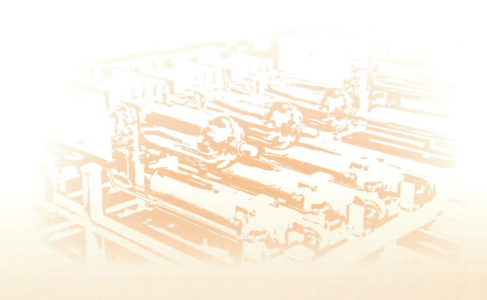

恒立液压：
勇攀科技创新高峰　锻铸中国制造标杆

江苏恒立液压股份有限公司自1990年创立以来，始终深耕于"机械工业制造领域芯片"——液压元件这一细分领域，坚定走自主研发道路，不断开拓，锐意进取。创立当年开始研发、生产第一代气动元件，两年后将产品扩展至液压行业领域，主攻环卫车辆用液压油缸；1999年，开始布局高端液压元件的国产化替代，同年开发出第一代挖掘机专用高压油缸，并成功打入国际工程机械巨头卡特彼勒供应商体系；2006年，恒立液压开发出第一代盾构掘进设备用高压油缸，实现了国产盾构机进口替代的第一步；2012年，恒立液压铸造工厂建成投产，开始批量生产液压元件用各类铸件，为实现高端液压元件的全面国产化替代奠定了基础；2013年，恒立泵阀工厂成立，开始着手布局高压多路阀及轴向柱塞泵的产业化；2014年，恒立液压第一代挖掘机用高压多路阀及轴向柱塞泵正式投产，这标志着我国液压行业成功打破国外垄断，迈入与国际液压巨头同台竞争的新赛道。

公司在33年的创新发展历程中，始终瞄准行业发展的制高点和制约行业发展的瓶颈问题，通过产学研用多渠道合作，不断提升国产液压核心元件的正向研发能力，不断完善自身科技水平建设。近年来公司聚焦前瞻性技术研究，瞄准市场需求高端化、集成化、智能化的发展趋势，不断加大创新研发力度，攻关面向未来主机发展方向的关键共性技术和先进基础工艺，勇立技术创新的大潮头。

一、坚持技术创新，填补行业空白，夯实工业强基产业链

恒立液压始终秉承着"以技术领导行业，品质铸造未来，品牌带动发展，管理成就员工，实现百年企业"的企业愿景，矢志创新，积极响应工业强基战略，通过技术创新，不断提升核心竞争优势。近年来，公司开发了"高压柱塞泵多场耦合精细化设计技术""高压多路阀复杂内流道容腔缓冲技术""多级浮动式高压缓冲油缸设计与制造技术""高压液压元件均质化精密铸造技术""挖掘机液压成套系统多维度精准测评技术"等关键核心技术，冲破了国产液压件"高压等级上不去、冲击负载扛不久、复合动作控不好"三大产业瓶颈制约，显著提升了国产液压元件的效率、噪声、频响、精度等关键技术指标，顺利完成了国家"工业强基工程"中的"工程机械高压油泵、多路阀、马达'一条龙'应用计划"任务，使国产液压件的国际市场综合占有率从近零状态跃升至35%，在国内首次实现了35兆帕核心液压元件的自主化研制能力，夯实了工程机械产业链的完整闭环，全面开启了国产液压元件高速发展的新纪元，提升了我国高端工程装备的核心竞争力，促进了我国制造业的产业化升级进程，为加快建设自主可控的先进制造业体系、推动我国制造业高质量发展奠定了

坚实的基础。

二、坚持技术创新，打破行业垄断，掌握自主知识产权

恒立液压经过 30 多年的创新发展，累计形成相关授权专利 366 项，其中在美、日、德等液压行业传统强国获授权发明专利 11 项，逐步改变了国产工程装备的"空心化"现象，有力支撑了我国装甲车辆、大型舰船、航空航天等军工领域液压传动系统的自主可控。完备的产业链自主可控能力真正意义上打破了数十年以来高端液压元件被国外垄断的局面，实现了国产液压元件"从低端到高端、从跟随到领先"的历史性跨越。

液压传动控制元件领域：挖掘机专用高压油缸全面突破工程机械浮动式高压缓冲油缸设计与制造技术，建有全球单体规模最大的高压油缸制造基地（年产 134 万只），全球挖掘机前二十强中 90% 应用其产品；盾构机用高压油缸全面突破高速重载油缸缓冲与长效密封设计技术；海工海事油缸全面突破长行程大缸径海工液压缸耐腐蚀低摩擦设计与制造技术。在行业内率先提出高压柱塞泵高承载与低噪声设计技术，全面填补国内空白，产品关键指标达国际领先水平；在国内首次实现超大吨位工程装备用 250 立方厘米／转以上大排量高压重载柱塞泵的产业化；行业内率先突破工程机械高压多路阀复杂内流道容腔拓扑优化技术，全面填补国内空白，产品关键

指标达国际领先水平。

轨道交通液压系统：为国家轨道客车系统集成工程技术研究中心自主研制的液压冷却工作站具有先进、稳定、高效、节能、自动化和智能化程度高等特点，对我国轨道车辆，特别是高铁项目的研制，在世界范围内实现谱系化、智能化、绿色节能和可持续发展具有重要意义。

海工海事液压系统：产品配套上海航道局3 500立方米、4 500立方米大型挖泥船项目，是国产液压系统首次装配大吨位挖泥船，一举打破美国派克汉尼汾公司、德国博世力士乐公司的垄断；产品配套于中国首套水下调平系统——贵州电建风电安装水下调平系统，助力其安装效率提升50%。

三、坚持技术创新，引领行业发展，提升民族品牌竞争力

近年来，公司产品已批量配套至三一重机股份有限公司（以下简称"三一重机"），徐工集团、广西柳工机械股份有限公司（以下简称"柳工集团"）、山东临工工程机械有限公司（以下简称"临工机械"）、中联重科、山河智能装备股份有限公司（以下简称"山河智能"）等国内龙头企业，在"不打价格战，不牺牲利润率"的基础上，迅速抢占了德国博世力士乐公司、川崎重工业株式会社等外资垄断企业的市场份额，支撑徐工集团、柳工集团、临工集团、山河智能等相继跃升为工程机械国际十强品牌，助力三一重机于2020年度登顶全

球挖掘机销量冠军，为提高我国工程机械企业的国际市场竞争力保驾护航，为树立"高品质中国造"的新形象做出了重要贡献，具有显著的行业影响力。

恒立液压实现了1.5 T～90 T全系列挖掘机配套核心液压元件及系统技术的全面突破，研制的高压柱塞泵/马达、高压大流量多路阀、高速重载油缸及其系统性能指标达到国际领先水平，在国内首次实现了工程机械民族品牌的全面自主化配套，使得国产液压元件具备了与国际巨头同台竞争的硬实力，支撑公司成为国内唯一可以提供挖掘机液压系统整体解决方案的高端液压件供应商，也使得"中国恒立"成为国内工程机械液压成套系统制造商第一品牌（国际最大的挖掘机成套液压系统供应商）以及国际盾构机油缸市场第一品牌。盾构机用高压油缸产品占据全球70%以上的市场份额，配套国内首台自主知识产权全断面硬岩隧道掘进机（TBM）——中铁188号，产品无故障运行23千米，打破世界纪录；配套世界首台超大断面马蹄形盾构机——中铁269号，打破世界纪录。

截至2022年年底，公司已成为国内最早实现规模化生产挖掘机专用油缸的自主品牌企业，国内市场综合占有率超过60%。主营业务产品在全球形成了超强的竞争力，已覆盖全球四大洲20多个国家和地区，服务于世界各领域1 200多家企业。

四、坚持技术创新,打造行业标杆,服务国之重器

从民用工业装备小型插装阀,到国家关键武器装备用液压油缸配套;从填补国内空白的工程机械用全套核心液压元件,到参与国家重点工程、重大装备用关键控制系统,恒立液压一路高歌猛进,全国乃至在全球的液压传动控制产业链均有参与。

世界最大单口径射电望远镜、被誉为"中国天眼"的500米口径球面射电望远镜(FAST)应用的全套2 225根分布式电液执行机构(液压促动器)全部由恒立液压提供,实现了高海拔、

恒立液压研发——"中国天眼"液压促动器

多雨、沙尘、冰冻等极限工况下的高精度、高可靠运行（动态精度0.02毫米，平均无故障工作时间＞7 200小时）。

北京冬奥会点火仪式用高空作业车全套举升液压系统由恒立液压提供。恒立液压自主开发的HP5V45/S28开式泵+HVSP12总线多路阀实现变幅、伸缩、回转、转向、平台等动作的精准操作，保障点火仪式顺利进行。

恒立液压为"一带一路"倡议中阿合作项目——世界上规模最大、技术最先进的迪拜光热超级工程3×200兆瓦的槽式光热电站提供全套12 780支液压缸，产品满足高温、高湿、多沙尘暴严苛环境。

北京冬奥会点火仪式用高空作业车（全套举升液压系统由恒立液压开发）

此外，恒立液压的海工海事油缸产品还应用于国内最大打桩船——上海打捞局5 600吨风电安装船升降系统，提升能力打破了国内纪录；恒立液压提供的激光熔覆工艺油缸，应用于配套舟山号、长山号鹰式波浪发电装置，运行至今无锈蚀痕迹，该装备被中国国家博物馆永久收藏。

截至2022年年底，恒立液压已成为中国液压行业制造规模最大、产品品种与系列最齐全、最具竞争力和影响力的液压传动控制元件与系统集成供应商，在全球建有四大研发中心、九大制造基地，建有目前全球单体规模最大的高压油缸制造基地，获得工信部制造业单项冠军示范企业、"中国工业大奖"、企业奖、工信部绿色工厂、国家知识产权示范企业等荣誉称号。2022年销售额突破90亿元，也成为江苏省首家市值突破千亿的机械智能制造企业。

执笔人：王星驰

编者点评

走进位于武进国家高新区的江苏恒立液压泵阀制造基地，入口处李克强的寄语格外醒目："不仅要永恒立起来，而且要勇敢立在潮头。不光有恒心，更要做成恒业！"一个"恒"字寄托了厚望，更凸显了企业的特质和精神！恒立液压持之以恒坚持技术创新，填补行业空白、打破行业垄断、引领行业发展、锻造行业标杆，不断提升了我国高端工程装备的核心竞争力，促进了我国制造业的产业化升级进程，为加快建设自主可控的先进制造业体系、推动我国制造业高质量发展做出了重要贡献！

中车戚墅堰所：
擦亮"制造名片"　领跑"中国速度"

在时速 350 千米"复兴号"列车每一节车体的底部，都安装着四套中车戚墅堰机车车辆工艺研究所有限公司的拳头产品——齿轮传动系统。虽然只有半张桌子大小，但它却是让中国高铁"飞"起来不可或缺的核心部件。正所谓十年磨一剑！中车戚墅堰所始终坚持攻关集成设计、润滑密封、轻量化、模拟试验、可靠性等关键核心技术，成功突破国外技术壁垒，有效解决制约高速动车组、大功率机车、城轨车辆等轨交装备领域的核心零部件问题，有力支撑了"复兴号高速列车迈出从追赶到领跑的关键一步"，先后获得中国工业大奖、制造业工信部单项冠军示范企业等奖项。在科技创新的推动下，中车戚墅堰所的经济效益一路扶摇直上，2022 年实现销售收入 45.6 亿元，同比增长 0.9%；利润总额 3.5 亿元，同比增长 11.6%；产品产量达 4 500 台 / 套，同比增长 12.5%。中车戚墅堰所以创新引领，创造了骄人的业绩！

一、迎难而上，率先实现国产化替代

齿轮传动系统是高铁列车能量转换与动力传递的关键设备，从技术到工艺都长期被德国、日本等国外公司垄断。为破解"卡脖子"难题，2006 年中车戚墅堰所启动 CRH2A 齿轮传动系统研制项目，这是公司首次开展 CRH 型动车组用齿

轮箱研制。然而，这项开创性研发工作的基础十分薄弱，充满了很多的不确定性和挑战性。既没有产品能够参考，也没有图纸可以查询，有的仅仅是一张外方的齿轮箱轮廓图，齿轮传动系统的研发工作几乎是从零开始。

志不求易，事不避难。中车戚墅堰所的研发团队迎难而上，苦心钻研，仔细研究机械手册，深入学习PRO/E应用，在大家坚持不懈的努力下，三台CRH2A齿轮箱样机终于诞生了。有了样机的研发基础，企业开始承担国家科技支撑项目"中国高速列车关键技术研究及装备研制"中的"高速列车齿轮传动系统研制"子课题，并与东洋电机制造株式会社签署了齿轮传动系统的技术转让合同，立志实现CRH380A型高速动车组齿轮箱驱动装置国产化。

一套齿轮箱由大大小小460多个零件组装而成，包括齿轮、箱体、轴承及润滑机构等在内，生产过程从原材料锻造到热处理、精加工，共需经过约30道工序。要想实现自主可控，就意味着要迈过460道技术关卡。最终，中车戚墅堰所的研发团队在引进、消化日本技术的基础上，攻克了齿轮箱制造技术难题，于2010年年底成功研制出我国首套具备自主知识产权的"高铁列车齿轮传动系统"，并率先将首批国产化齿轮箱应用于CRH380A高速动车组，在京沪线上跑出了最高时速486.1千米的"中国速度"。

CRH380A 动车组齿轮箱驱动装置

二、矢志创新，着力解决国际化难题

依托国外技术的齿轮传动系统常常在国内"水土不服"，箱体开裂、润滑油渗漏、寿命不够等质量问题频发，这相当于掐住了我国高铁发展的"七寸"。且相较国外已有高铁，我国高铁因南北温差大、跨度广、速度高、长时间运行等复杂多变工况，对齿轮传动系统的温度控制、振动性、可靠性等都提出了更为苛刻的要求。

首创温控技术策略。我国东北冬季列车启动时，齿轮箱温度低于零下40℃，而南方夏季环境温度则超过40℃，温差达80℃，因此必须做出良好的温度控制，才能同时适应各种情况。为解决束缚高铁发展的国际性难题，中车戚墅堰所的研发团队采用自主创新、协同创新、技术引进消化吸收再创新等多渠道模式，开创性地提出了基于记忆合金流量调节的温控技术，开发了油量调节装置，并通过记忆合金对温度的响应，形成对润滑油流动的控制。确保低温时提供足够油量保证轴承和齿面润滑，高温时降低润滑油量减小搅油损失，解决了齿轮传动装置在跨热带到寒温带巨大温差、长距离高速运行工况下的润滑与冷却相矛盾的难题，平均温升比国外产品下降5—10℃。

突破振动性能极限。与此同时，研发团队还在齿轮传动装置振动、润滑密封等性能上有所创新，发明了高效齿轮配对技术以及高铁用铝合金箱体材料，不仅优化了振动传递路

齿轮传动系统精益生产车间

径，还实现了轻量化与强度之间的平衡，降低了轮轨接触产生的振动冲击。经高铁350千米/时长时间运行实测，在保证润滑油零渗漏的同时，最大振动速度仅有12毫米/秒，远低于进口产品的18毫米/秒，成功突破了轨交领域传统系统高速运行性能极限，且更大程度上提升了齿轮传动系统的寿命，彻底扭转了以往产品研发设计受制于国外技术标准的局面。目前，中车戚墅堰所是国内唯一的高速动车组齿轮传动系统开发供应商，其齿轮传动系统寿命高达30年，在"复兴号"中国标准动车组占比达90%。

搭建国内验证平台。为保证产品技术与质量的可知性和可控性，中车戚墅堰所与大连理工大学、北京工业大学密切合作，用创新的机械结构和多学科综合优化方法，围绕温升、振动、集成设计以及可靠性等方面，建立了目前国内模拟时速最高（高达 500 千米/时）、检验能力最全面、唯一具备自主知识产权的齿轮传动装置试验验证平台，平台技术性能处于国内领先、国际先进水平，为我国轨道车辆用齿轮传动装置技术评价提供了完备的技术和体系支撑，具备中铁检验认证中心（CRCC）检验与认证资格，奠定了国内轨交齿轮传动装置试验验证中心的地位。

三、技术延伸，加速竞逐新能源赛道

为积极践行国家"双碳"目标，近年来，中车戚墅堰所立足中国中车"一核三极多点"业务结构和常州市打造"新能源之都"的发展定位，重点投资布局风电装备，大力发展清洁能源领域，加速竞跑新能源赛道。

风电齿轮箱是风力发电机组中重要的机械部件，主要功能是将风轮在风力作用下所产生的动力传递给发电机并使其得到相应的转速。其关键核心技术源自高铁齿轮传动系统的基因传承和技术延伸。在陆地行驶过程中，轨道齿轮箱的载荷相对平稳；而风力发电的动态是随机的，它的载荷忽大忽小。因此，将风电齿轮箱真正应用到"立起来的高铁"时，需要解决高载荷承载能力、对抗冲击性能力以及抗疲劳载荷能力等诸多难题。中车戚墅堰所的研发团队凭借40余年在齿轮传动领域的研发和制造经验,持续提升风电齿轮箱自主研发及产业化能力,实现了从样机研制、小批量生产到批量生产的跨越,成功解决了风电齿轮箱的一系列问题,现已覆盖3—15兆瓦的风电齿轮箱产品和技术。

2022年5月31日,中车戚墅堰所首批出口海外的3.3兆瓦(G60010)风电齿轮箱下线。与国内风机的运行环境相比,该款齿轮箱因长期处于海外高温高湿环境,其技术性能在冷却润滑、密封设计、可靠性分析等方面独树一帜,最大限度地提高了客户设备的效率。同年11月30日,中车戚墅堰所用时81天,成功交付了24台5兆瓦(G60260)风电齿轮箱,此款齿轮箱满足了客户差异化、个性化的应用场景需求,可适应盐雾、高温、高湿等高风场环境需求,同时具有占用空间小、环境适应性强、扭矩密度大、可靠性高等优点,至此,中车戚墅堰所已具备大兆瓦风电齿轮箱产业化的能力。

5兆瓦(G60260)风电齿轮箱

2023年3月,中车戚墅堰所混改引入战略投资者暨大兆瓦风电装备产业化基地项目签约仪式在常举行。该项目总投资30亿元,主要用于风电齿轮箱产品的研发、生产和销售,预计2024年建成,2025年投入试运营,2026年达产。中车戚墅堰所将以此次混改落地为契机,强力打造具有全球竞争力的轨交装备和清洁能源装备制造体系,不断擦亮中国高铁和风电两张"亮丽名片"。

执笔人:盛霖

编者点评

"复兴号"高速列车是中国自主研发的新一代标准动车组,是中国走向世界、引领世界的响亮品牌,其中凝聚着中车戚墅堰所的技术创新和责任担当。而今,中华民族亦已吹响复兴的号角,作为制造业的龙头企业——中车戚墅堰所必将在以实体经济为支撑的新型工业化道路上迈出崭新的步伐!

新誉集团：
从吸收引进到自主创新

从空中鸟瞰武进国家高新技术产业开发区，"新誉集团"标牌十分醒目，现代化的高标准厂房、优美协调的内外环境，无不使人感受到新誉人朝气蓬勃的企业精神和强大实力；走进新誉集团，又会被那稳定运行的精密仪器、错落有致的生产流水线、高品质的拳头产品所惊叹。如果，更深层次回顾一下新誉集团的发展史，更会给我们深切的感悟：新誉集团一路走来成为令人赞叹的国家制造业单项冠军企业，不靠天，不靠地，靠的是技术创新。以技术立身、以创新立命，已成为一代代新誉人永恒的信念和追求。

新誉集团鸟瞰

一、吸收引进，自主创新的出发点

新时代孕育新机遇。2002年，新誉集团站在时代潮头，认准轨交产业方向，从牵引系统入手开启了传奇的创业征程。当时，国内高铁技术缺乏，少资金、缺项目，更没有合作伙伴。在这种背景下，新誉集团瞄准世界500强企业加拿大庞巴迪公司，耗时一年达成了商业合作协议。通过与世界顶级企业的沟通交流，年轻的新誉人充分知晓了国际市场对产品质量的苛刻要求，面对当时国产牵引系统技术落后、质量稳定性差的实际，投入近500万欧元组建实验室，成为全国第一家拥有一流电磁兼容（EMC）实验室的民营企业，为全面提升技术和品控能力打下了坚实基础。在消化吸收庞巴迪公司MITRAC-TC3300、TC1110、TC1120等牵引系统基础上，逐步积累了多型号、多制式驱动与控制系统设计经验，掌握了轨交驱动与控制系统应用设计、系统集成技术，具备了产品研发、生产制造和试验验证能力。2003年，新誉牵引系统在国内市场占有率达到30%；2007年2月，由新誉集团提供牵引系统的"长白山号"动车组T459-T466正式在沈大线投入运营，其车型、内装、控制系统均领先于当时国内其他动车组，为中国高铁的技术积累做出了重大贡献。

二、核心技术，自主创新的聚焦点

伴随近20年中国铁路事业的蓬勃发展，新誉集团紧跟国家战略布局，重视自主化技术开发，突破驱动与控制系统"卡脖子"技术，积累了一批新技术、新产品。针对牵引系统电机损耗高、散热困难、噪声过大等问题，新誉人分析研判碳化硅变流器和永磁电机将在能耗、质量、尺寸、牵引可靠性等方面带来大幅提升。在此基础上，集中力量、开创性地应用新一代高压3300VDC/800A系列全碳化硅MOSFET牵引功率单元、新一代基于以太网平台的MCU+DSP+FPGA"多芯"控制系统、新一代高效永磁同步牵引电机以及无位置传感器控制技术、完全碳化硅半导体技术替代传统绝缘栅双极型晶体管（IGBT）技术，大大提升了变流器开关频率，用准正弦输出电压驱动永磁直驱电机，使得牵引电机损耗显著降低，并自然冷却，在提高系统效率的同时有效降低了噪声，显著提升了乘客舒适度。此外，新誉集团还在列车大功率变流控制、永磁牵引、无人驾驶、电池储能等新兴技术领域实现了创新突破，自动无人驾驶系统成功实现了全自动控制目标，自主化高性能轨交列车控制平台实现了牵引控制软硬件国产化。与此同时，积极参与高速轮轨交通系统的互联互通集成、时速400千米及以上高速客运装备关键技术研究，产品形成了系列化。

三、要素机制，自主创新的保障点

新誉人深知自主创新不是一时头脑发热的率性而为，而是持之以恒、不断积累、最终厚积薄发的核心能力，需要制度机制长效规范。为此，新誉集团始终保持研发投入力度，建有国家级企业技术中心、国家级博士后科研工作站、国家认可（CNAS）电磁兼容实验室、江苏省轨道车辆牵引传动工程技术研究中心、江苏省轨道交通牵引传动控制系统工程中心、江苏省工业设计中心等研发服务平台，2022年研发投入近1.52亿元，研发投入占比达4.61%；建立起了一支由优秀硕士生、博士生研究员组成的科研人才队伍，掌握了牵引系统核心控制算法、核心控制器的自主化技术；配套全流程企业管理解决方案（SAP）、产品数据管理（PDM）、研发云平台等信息化系统，持续以"科技+研发"的双举措，深度发力技术创新和产品升级。同时，注重创新科技成果的自主知识产权保护，先后获得"国家知识产权优势企业""国家知识产权示范企业"等荣誉称号；"一种电容异常检测系统及其工作方法""一种导电轨接头""智能压力波保护系统及方法""智能压力波保护系统及方法"荣获中国专利优秀奖；已授权专利359件，超过92%的有效专利技术已在实施；先后参与制定3项国家标准、3项行业标准，牢牢掌握了市场竞争的话语权。

四、项目引领，自主创新的制高点

凭借坚实的技术积累和严苛的品质保障，新誉集团获得了中车长春轨道客车股份有限公司、中车唐山机车车辆有限公司、中车青岛四方机车车辆股份有限公司、中车南京浦镇车辆有限公司等主机厂高度信任，为民营企业破局轨交行业作出了杰出榜样。其城轨牵引产品广泛应用于北京、上海、南京、成都等30多个一、二线城市，累计为50多个项目提供了10 000多辆机车牵引和控制系统配套产品、为中国国家铁路集团有限公司提供了2 000多辆时速200千米动车组、1 000多辆时速380千米高速动车组、600多套重载机车牵引和控制系统配套产品和全方位、全生命周期的保障服务，2022年主营业务收入达33亿元。借助"一带一路"的东风，累计为伊朗、泰国、沙特阿拉伯、白俄罗斯等国提供了1 500辆机车牵引和控制系统配套产品，创汇超过20亿元人民币。2019年，轨道车辆车载机电产品获评工信部制造业单项冠军示范产品；2022年，新誉集团"轨道交通绿色驱动整体解决方案与智能化控制系统应用示范项目"获得第七届中国工业大奖殊荣。

新誉集团主要产品——牵引变压器

在巨大的成就面前，新誉人并没有停滞不前，而是开始了新征程。2023年4月13日，新誉集团武汉公司正式投产，

打造新一代现代化生产线，累计投资 10 亿元，二期计划设立信号系统研发中心，从事轨交信号系统全自动无人驾驶的研发与应用。2023 年 4 月 24 日，新誉集团运河智创湾正式奠基开工，项目涵盖绿色工厂、人才公寓、数字化办公，总投资 30 亿元，打造以智能制造产业为主，新材料、电子信息为辅的科技产业链。新誉人将继续围绕中国轨交发展需求，通过技术创新、装备创新、人才创新的相互推动，向成为"轨道交通装备制造引领者"的目标全速前进。

执笔人：刘桓毅　秦维娜

　　新誉集团董事长曾经在致辞中说，让我们扬起创新的风帆，荡起改革的双桨，致力于高端装备制造，坚持高精尖发展目标，坚持科技研发和技术储备，提升核心竞争力，在不断追求完善和自我革新的突破中前行！新誉人不但说到了，而且真正做到了！展望未来，新誉人在做强民族制造业的使命和担当中必将为自己赢得新的美誉！

安靠智电：
"三大利器"撬动国家输电模式新变革

2021年5月19日，在一座铺满植被、绿意充盈的工厂内，企业的负责人正在接受《大国重器》的第二次采访。这家凭借着领先于世界的输电技术而被央视关注和报道的明星企业就是江苏安靠智能输电工程科技股份有限公司（以下简称"安靠智电"）。该企业首创先锋输变电技术，凭借三大利器：刚性气体绝缘输电线路（GIL）、电缆连接件、模块化变电站，成为世界输电行业的"明珠"。

安靠智电的地下输电试验大厅（中国电力行业电压最高、规模最大）

一、GIL 蛟龙入地，撬动国内输电模式新变革

在城市繁华街道的几英尺之下，在长江几千米的江岸下，存在着满载电力的"高铁"，可以高速而稳定地传输"电力乘客"，将它们从数百千米之外的发电端输送到东南沿海负荷端，这个在地下和江底狂飙的"高铁"在输电行业中被叫做刚性气体绝缘输电线路（Gas Insulated Metal Enclosed Transmission Line，GIL），这项伟大的工程让城市不再有"蜘蛛网"（架空线路）——盘活了宝贵的土地资源，不用担心地下电缆承载电压过低——增加了输电容量。安靠智电正带着这项"黑科技"撬动着国内输电的变革。在未来，GIL 将容纳更多的"电力旅行者"，同时缩短了"旅行时间"，安全高效地传送电力。

在 2017 年之前，我国的 GIL 技术受制于国外技术的垄断，国内大部分的项目均采用的是 ABB（中国）有限公司、西门子（中国）有限公司、阿尔斯通公司的 GIL 产品。为了不再仰人鼻息，被国外高昂的进口价格牵着鼻子走，安靠智电潜心研究，终于做出了国产的首个 252 千伏的刚性气体绝缘输电线路，在超特高压环氧绝缘件生产工艺、导体电联结触头等方面打破国外产品的垄断，价格约为同类产品价格的一半，工程造价下浮 40% 左右，提升了我国对 GIL 技术的自主可控能力。

安靠智电还是全球唯一掌握"三相共箱"GIL 系统的领军企业,也是国内唯一提供 GIL 系统全产业链整体解决方案的企业。安靠智电首创的三相共箱 GIL 是普通 GIL 的"升级版本",将 A、B、C 三根线路放置在一个舱体,综合成本比传统单相 GIL 成本低 30% 左右、占用空间减少三分之一。

安靠智电已实施的苏通 GIL 地下管廊

在灯火通明的 GIL 地下管廊内，一群电力工程师正在进行施工检测。"正常情况下，特高压的安全距离是 15 米左右，但是现在我们可以不穿戴任何防护装备，近距离接触这些输电管道，原因就在于将六氟化硫（SF_6）气体作为绝缘介质，外面由合金铝作为保护罩，共同保护着输电线路的安全。"工作人员一边说着一边指向巡检机器人，"普通的地下电缆，出现安全问题时，很难找到准确的施工位置，但是我们的 GIL 通过布置巡检机器人进行气体密度监测、局部放电监测和温度监测等，利用物联网和数字孪生技术，帮助我们精准定位，快速响应。"

截至 2022 年年底，安靠智电已实施的 GIL 电网项目有专供宁德时代新能源科技股份有限公司江苏生产基地的地下输电线路、无锡荣巷街道迁改入地工程、常州武进瓶武线 GIL 工程、中国绿发投资集团有限公司南京燕子矶 GIL 项目等，在建电网项目有曹山旅游度假区 GIL 项目，重庆高新区 GIL 迁改工程、浙江大有实业有限公司育苗变东侧架空线路"上改下"工程、绍兴大明电力建设有限公司库备 GIL 设备

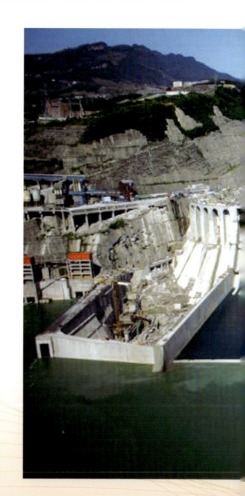

采购项目等,累计超 50 千米。

二、电缆连接件,解决国内特高压技术"最后一千米"

位于四川西部的金沙江向家坝水电站正源源不断地输出水电,供应上海高峰负荷时的清洁电能,单个机组容量达 800 兆瓦,是我国能源领域取得的世界级创新成果,代表了当今世界高压直流输电技术的最高水平。而这项伟大的工程在

三峡向家坝水电站

建设之初就遇到了国产化难题：500千伏电缆连接件。安靠智电研究提出的解决方案最终补齐了超高压输电国产化的最后一块短板。

电缆连接件，是电缆输电系统的关键组件之一，是连接电缆、架空线、开关、变压器等设备的专用连接装置，可用于低压、中压、高压、特高压输电线路中。其中，绝缘胶注射和硫化生产工艺是电缆连接件的关键工艺，需要把握温度、压力、速度与设备的完美配合，不能让应力锥内有哪怕几微米的小气孔，否则就会被高压电场击穿，从而带来严重的后果。

在一次次失败、重启的探索过程中，国内主要电缆企业多年尝试都未成功研制的110千伏电缆连接件被安靠智电首先攻克。紧接着安靠智电又挑战500千伏电缆连接件，团队不断调整参数，不断试错，最终在2007年实现突破，首只500千伏产品通过型式试验终于亮相。截至2022年年底，安靠智电的电缆连接件产品在国内的市场占有率为80%，同时凭一己之力，将500千伏电缆系统的国际市场价格拉低了65%，让大国重器走上了国际舞台。

三、变电站智慧模块化，打造新型电力系统"主动脉"

在国际能源危机和"双碳"背景下，我国清洁能源发电（风光发电）正在被大规模的使用。新能源对变电站的要求是外观更小、家电化、高安全性。特别是大数据中心对算力要求较高，对独立"聪明"的模块化变电站的需求变得越来越迫切。安靠智电经过多年的积累和创新，打造出"智慧模块化变电站"，满足个性化定制、小型模块化、安装快速化等要求，实现了厂内制造安装、用户端整机交付的新型运营模式，在多样化的新能源、大数据应用场景中，解决了新能源发电带来的用电密度加大的难点、痛点，实现了时间和空间的突破。

在江苏扬州，坐落着腾讯华东地区最大自建数据中心，其超过30万台的服务器连接着终端用户和生产制造企业的数据信息，支撑着长三角地区的智能制造升级。变电站作为云计算的"心脏"，其安全性、可靠性尤为重要。安靠智电正是运用其世界首创的"开变一体机"为核心的智慧模块化变电站来支撑建设腾讯数据中心项目，守护着长三角地区云计算的供电安全。

智能模块化变电站是安靠首创的新型变电站模式，主要是采用以一、二次融合的智能设备为模块，通过工厂化生产预制、现场模块化装配建设变电站。和传统变电站相比，造价降低30%、占地面积节省70%、建设周期缩短80%，可运用于数据中心、新能源汽车充电桩、海上风电升压站、风光新能源项目陆上升压站等，预计2023年销售规模能够达到10亿元，五年内每年的增速可能会在50%以上。

安靠智电的三大先锋输电技术正在不断改变国内输变电格局，同时也增强了企业自身的自我造血功能。2022年安靠智电的刚性气体绝缘输电线路（GIL）获得了工信部制造业单项冠军产品称号,产品的国际市场占有率为53.85%,2022年度企业主营业务收入为4.8亿元。安靠智电未来将继续走技术创新之路,着力解决城市输变电技术"卡脖子"问题、新能源大规模运用带来的城市电力负荷承载量大等难题,推动电力系统智能化、数字化高质量发展。

执笔人:王妍

编者点评

随着新能源的大规模应用、算力水平的提升,国内对于电网承压能力的需求将日益增大。安靠智电的"三大法宝"——GIL技术、电缆连接件、模块化变电站精准科学解决了电网的空间布局受限、特高压输电技术封锁、变电站数字化的难题,为建设我国高效安全的新型电力系统提供了先锋技术支撑,不愧为大国重器,强国之基!

宏发纵横：
坚持创新驱动　勇做"碳"路先锋

碳纤维具有出色的力学性能和化学稳定性，密度是钢的四分之一，强度是钢的 7—10 倍，是目前已大规模生产的高性能纤维中具有最高比强度和最高比模量的纤维。常州市宏发纵横新材料科技股份有限公司致力于为全球碳纤维复合材料应用市场提供低成本、工业化解决方案，拥有 39 年的智能装备制造经验以及 25 年的轻量化新材料研发应用历史，通过多年项目攻关，掌握并形成了"大丝束碳纤维制备技术—碳纤维编织—复合材料成型—下游应用"完整产业链，在风电叶片领域的市场占有率世界第一，打破了跨国公司对我国的技术封锁和市场垄断，缩短了与国外先进技术差距，解决了行业发展"卡脖子"难题。这些比钢还强的材料是怎么炼成的？企业的核心价值观告诉我们：依靠的是技术创新！

一、破解行业发展瓶颈，一步法编织成型工艺技术

近年来，国内"双碳"工作推进如火如荼，节能降耗成为社会经济发展主流，汽车、轨交、风电等行业的快速发展对材料体系的性能、轻量化等要求越来越高。在风电领域，碳纤织物相较于传统玻纤织物，虽然力学性能可以满足大型叶片制造要求，但其价格也让叶片制造商望而却步；在汽车领域，一方面需降低成本，另一方面也急需破解复合材料高效率、工业化生产的技术瓶颈。加快自主创新,尽快形成低成本、工业化的新材料量产工艺技术体系迫在眉睫。

为此,宏发纵横立足下游应用需求,组建成立专项技术攻关团队,自主研发碳/玻混编织物,开发了碳纤离线展纤、混编织物一步法编织成型等工艺技术,通过改变碳/玻混编比例,实现单向拉伸模量在50—100吉帕范围内调节,达到最佳性价比,从而大幅降低成本;在复合材料方面,研发了快速成型技术及自动化单元装备,实现成型速度10分/件,解决了生产效率低下难题。技术创新的成功填补了国内外碳/玻混编织物一步法成型技术空白,满足了风电、汽车等工业领域发展对材料体系性能、成本、轻量化的要求。

宏发纵横研发的碳/玻一步混编织物已在中材科技风电叶片股份公司叶片中应用,经材料性能测试和叶片静力测试,各项性能数据均达到叶片设计指标,且不改变叶片原有成型工艺,性能设计更灵活,满足风电叶片轻量化、低成本的制造需求。企业创新研发的碳/碳、碳/玻多层织造及其复合

碳/玻混编织物增强复合材料叶片挂机运行

材料低成本、高效率制备与应用技术开发获得江苏省科技进步二等奖；碳/玻混编工艺技术获得江苏省科技厅成果转化专项支持。

二、瞄准产业发展制高点，高效低成本大丝束碳纤维

碳纤维具有轻质高强的特点，是风电、轨交、航空航天、新能源汽车、高端装备核心零部件等战略性新兴产业的基础材料。其中，高效低成本大丝束碳纤维是碳纤维降本增效实现大规模工业化应用的关键途径。大丝束碳纤维及复合材料制备应用技术一直是行业短板，其关键技术及制品供应长期掌握在欧、美、日等国家巨头公司手中，并对我国严格封锁，严重制约我国碳纤维复合材料及下游应用行业的发展。

为解决上游原材料"卡脖子"难题，推动低成本大丝束碳纤维复合材料产业链向两头延伸，2020年，企业投资50亿元在常州高新区建设碳纤维产业基地。项目团队迎寒冬战酷暑，抓土建、购设备、保安装、促生产，仅用一年时间就打通了高性能大丝束碳纤维高效预氧化碳化量产技术路线，建成了国内首条年产3 000吨50K大丝束碳纤维碳化生产线并一次性试车成功。企业生产的碳纤维产品直接对标美国卓尔泰克、德国西格里等公司同类产品，实现拉伸强度≥4 500兆帕，拉伸模量≥235吉帕，生产线最大线速度到18米/分，单丝强度CV值≤5%，最大单线产能3 000吨/年，达到国际先进水平。

宏发纵横的大丝束碳纤维用聚丙烯腈（PAN）原丝均质

碳化生产线及 50K 大丝束碳纤维

化制备技术、高效预氧化及碳化技术、表面特性优化技术、生产线高效运行控制技术等，解决了国产大丝束碳纤维存在的离散系数大、强度低、适配性差、稳定性差等难题，研发了国产化大丝束碳纤维的稳定化规模化生产的成套技术体系和装备，实现了万吨级大丝束碳纤维生产线高效稳定运行。

企业大丝束碳纤维的成功量产，打破了国外技术封锁和市场垄断，实现了碳纤维在风电、轨交、航空等民用高端领域的示范应用，提升了发展主动权。以此为基础，企业先后承接了2021年国家发改委技术攻关、2022年科技部重点研发计划等项目，50K大丝束碳纤维也已批量应用于中复神鹰碳纤维股份有限公司、威海蓝特复合材料有限公司、河北双赢碳纤维制品有限公司等国内多家行业知名公司，成功为光伏、轨交、氢能源等产业转型升级服务。2022年企业实现主营业务收入22亿元。

三、激发企业造血功能，打造高能级创新平台和机制

针对国外技术垄断和全球市场需求，企业以碳纤维复合材料生产基地建设为契机，投资10亿元全面启动智能工厂建设。项目入选2021江苏省省级智能工厂名单，是常州市第四家建设智能工厂的企业，也是新材料行业的第一家，将建设全面集成应用具有国际先进水平的智能生产检测装备、信息化软件系统等智能化技术，打造世界一流水平的智能制造标杆工厂。

面对国内碳纤维复合材料仿真计算薄弱现状，宏发纵横与江苏省产业技术研究院共建"碳纤维复合材料联合创新中心"，结合下游应用开展先进碳纤维复合材料研发设计、仿真模拟工作，实现大丝束碳纤维的"好材好用"。通过团队融合、交换交流培养，加快国内自身专业人才队伍建设，经过近四年的努力，在西班牙逐步发展和建立了自己的设计中心和人才队伍。企业在轨交领域的多个研发设计成果通过专家技术论证，实现装车路试，已进入批量化生产，并签订了"北京—雄安"等多个高铁线路型号量产订单，2021年获科技部国家重点研发计划（政府间科技创新）项目立项支持。

公司目前已建成了省级重点实验室、企业院士工作站、博士后创新实践基地、企业技术中心、工程技术研究中心、工程技术中心，近三年研发投入近3亿元，充分保障创新支出。引入竞争和激励机制，鼓励人才开展技术攻关，对研发成果完成人和为成果转化做出突出贡献人员给予荣誉和物质奖励，2021年发放研发专项奖励经费超过1 500万元。

激励的科技机制，高效的研发平台，浓厚的创新氛围给企业注入了强大的创新和发展动能，2019年成功入选全国制造业单项冠军示范企业，成为高性能纤维经编增强材料领域唯一上榜单位。

执笔人：余亮明

编者点评

宏发纵横始终秉承创新是企业发展的逻辑起点和核心动力的理念,恪守产业报国初心,坚持创新驱动发展战略,以国家战略需求和行业应用为牵引,集中力量进行原创性、引领性技术攻关,当同行们在传统纺织机械行业高歌猛进时,企业已开始在新材料领域试水;当大家转身进入新材料领域时,企业又已成为行业标准的制定者以及关键设备的制造商。在技术创新中领先一步、高人一等是宏发纵横在新材料领域的制胜秘诀!

强力先端：
强源创新促迭代　成就行业小巨人

"只有从事源头创新，才能掌握价值链的主导权，最终站在产业的顶端。"这是常州强力电子新材料股份有限公司（以下简称"强力新材"）的发展理念，也是其创始人一贯秉持的商业法则。

2007年，液晶面板技术正处于从4.5代线向6.5代线的过渡期，升级换代过程中材料出现了问题。由于原有的黑色矩阵光刻胶所用材料含有三氧化铬，属于重金属，不符合欧盟的环保要求，需要用环保材料炭黑替代，这让强力新材在未来的发展中看到了机会。在一本日文学术报告《次世代平板显示彩色滤光片用先端电子材料》中，强力新材的创始人找到了突破灵感，"先端"公司便由此孕育而生。2010年，强力新材的子公司——常州强力先端电子材料有限公司建成，国内肟酯类光刻胶引发剂系列产品的研发之路也随着强力先端的成立正式开启。

一、切准市场需求，加速研发创新

21世纪初，液晶显示屏（LCD）面板尚处于发展初期阶段，成品电视极其稀少、昂贵，其中关键制程所必需的肟酯类光刻胶引发剂产品被国际化学巨头牢牢掌握，导致LCD面板的研发受限严重且成本高昂。在受到技术封锁的情况下，强力先端没有畏缩,基于多年对日本市场和客户的研究以及对电子材料先端技术的敏感性,察觉到了肟酯类引发剂的光明前景。科研团队潜心研发,历时两年多,突破了专利封锁,与韩国一流公司进行技术合作,优化出了第三代高感度、低黄变肟酯光引发剂产品 PBG-327,同时,申请了肟酯类光引发剂发明专利,而且专利获得中、日、韩等地区授权,并在上述地区完成新化学物质登录,强力先端生产的拥有自主知识产权的产品,获得工信部制造业单项冠军称号,并以此进一步扩大世界市场份额,进入领先位置。

2012 年,超高清视频技术(以下简称"8K 技术")提上日程,8K 技术对光刻胶的色纯度和分辨率提出了非常苛刻的要求,当时市面上包括巴斯夫集团的光引发剂都不能满足光刻胶的需求,强力先端研发人员首次提出双感光基团肟酯光引发剂的设想,保持光引发剂低黄变的属性并大大提升光引发剂的感度,这一设计所面临的挑战是巨大的,其设计复杂程度远远超过了同类产品,强力先端研发团队凭借扎实的学术知识,顽强的创新精神,成功开发出了 PBG-345 这款产品,解决了 8K 技术的难题,技术水平达到国际领先水平。强力先端成功地将该产品产业化,并且做到了品质稳定。在满足 8K 显示技术对新型光引发剂需求的同时,公司继续占领 LCD 光刻胶用光引发剂的技术、市场高地,成为行业名副其实的头牌,并持续至今。

二、核心技术攻关,实现能量跃升

随着增强现实(AR)、虚拟现实(VR)等新型显示的出现、有机发光二极管(OLED)技术的发展,显示核心组件由无机材料向有机材料转变,让显示画面具有了更鲜艳的色彩,但也带来诸多技术难题:有机材料不耐高温的特性最为显著,原有的光刻后烘工艺不能满足新技术的需求,需要改成低温固化工艺。这种工艺对光刻胶中光引发剂的性能要求极为苛刻,对业界来说是巨大的技术挑战。强力先端团队不忘解决行业技术难题的初心,勇担重任,通过理论化学计算(该项技术即便在高校中也属于少数存在项目,难度高且昂贵)并结合组合化学及强力系列产品的应用基础,历时3年,经历了上千次试错,最终开发出了第五代高感度光引发剂PBG-A、PBG-B等,将光引发剂感度提升了至少1个段位,并且有效解决了材料放气(outgas)问题,为下一代显示的技术升级,做好了技术储备。

除了肟酯类光引发剂,强力先端还建立了国内种类最全、技

第五代高感度光引发剂 PBG-A

术领先、产量最大的阳离子光引发剂产线,以满足涂料、油墨、胶黏剂、3D 打印材料等各类应用。

三、技术创新引领,拓展延伸产业链

除了一贯擅长的引发剂领域外,公司积极探索光刻胶用单体、树脂等领域。经过近 8 年努力,公司已成功量产 LCD 光刻胶用树脂,被日本和国内客户认证且采用,成为国内首家量产此类产品的企业,打破长期以来日韩企业对该领域的封锁,帮助国内厂商解决原材料来源单一、成本高昂的问题。

未来一段时间,随着国内 LCD 光刻胶厂家技术的成熟,强力先端光刻胶树脂业务将进入快速成长期。在半导体领域,强力先端勇于探索,诚挚邀请日本专家前来上课指导,答疑解惑,志在半导体领域单体、树脂的突破。目前,248 纳米光刻胶用的 PHS 单体已经达到中试状态,PHS 树脂也在研发过程中。多领域的齐头并进,使得强力先端始终处于国内该领域的技术领先位置,

强力 HABI、PBG 等产品生产的索尼 BRAVIA 系列液晶电视

始终与国内外光刻胶客户保持紧密的技术交流和良好的客户关系。

强力先端多项产品为国家关键领域补齐了短板，被列入863计划、江苏省841攀登计划100个重大战略产品和国务院颁布的工业转型升级规划，是工信部2018年"化工新材料补短板工程"所列项目之一，也是国家发改委《增强制造业核心竞争力三年行动计划（2018—2020年）》中所列新材料关键技术之一，为打破世界对中国光刻胶原材料的长期封锁和产品垄断，满足我国高世代平板显示产品的需求，替代进口，同时也为我国实现新型平板显示及关键原材料的全面国产化提供了极为坚实的技术基础。

执笔人：丁克村

编者点评

强力先端的"强"，归功于技术创新；强力先端的"先"，得益于源头创新。强力先端以"致力于成为全球光固化领域的技术引领者"为愿景，从2010年成功开发第一款肟酯类光引发剂至今，其具有自主知识产权的产品在全球市场显示了很强的竞争力。强力先端的创新力真正让企业名副其实、实至名归！

金源高端：
持续技术攻坚 引领"风口"产业

在江苏金源高端装备有限公司（以下简称"金源高端"）的仓库车间，一组组硕大的齿轮正稳稳躺在结实的木箱中等待装车，它们将被发往顶级风电企业，组装进大型机组中，成为我国近海风电场建设的中坚。海上风电矗立在百米高空，能够远离陆地永不停歇的奥秘，就在金源高端装备的拳头产品"兆瓦级风力发电机齿轮箱配套锻件"之中。

金源高端装备风电齿轮箱配套锻件

作为风力发电机最重要的机械部件,风电齿轮箱的尺寸、可靠性和全寿命周期内综合度电成本是影响市场格局的重要因素。长期以来我国的齿轮箱整体制造水平相对较低,即便高端市场存在供不应求的现象,国内厂家也只能在低功率风机领域"内卷"。究其原因,国外齿轮箱制造商的超大功率风机零部件质量稳定性高,可靠性好,是国内厂商的主要劣势之一。

如何从落后于人变为世界领先?金源高端团队选择走"自主创新、技术攻坚"之路。公司先后建设了江苏省 3 兆瓦及以上级风电精密齿坯工程中心、江苏省大型锻件成形与控制工程技术研究中心,可独立完成金相、力学、探伤、化学分析,每年研发投入金额达到销售收入的 3.5%。长期的技术攻坚成为产品性能提升和突破的最大底气。

一、攻关,改进工艺技术

"锻前加热"是金属加工常见的前置工艺技术,其准备过程过去并不讲究,但就是这么一个简单到不受重视的环节,金源高端花了 12 个月的时间进行攻关。锻件烧透点、保温时长、冷热锻变形量、变形速率、始锻温度、锻造力……沉下心来把加热环节涉及的所有参数逐个研究透,利用模糊－神经网络与多点燃烧控制技术解决了锻前加热过程炉内温度场精准控制的行业难题,降低了炉内温度偏差。单单是锻前加热工艺优化就提升力学性能近 10%。金源高端正是这样从一个个不起眼的参数摸索积累起来,持续改进工艺技术,先后突破了精密锻造、组织性能控制、复合成形等关键核心技术,具备了大型、异形、高端、大规模金属锻件生产能力。

二、攻关,突破检测技术

高效、高准确率的缺陷扫描技术是业界难题。细致准确的检测技术则是保证品质的最后一关。轴类零件变直径弧形部位易形成缺陷,针对此部位的缺陷检测耗时耗力。金源高端集中人才开发超声C自适应扫描技术,实时跟踪轴类零件表面形状变化,对弧形部位进行全方位检测,实现了弧形部位缺陷扫描的自动化。建立了风电主轴锻件缺陷大小、位置和性质识别模型,形成缺陷超声波形数据库,实现大型锻件在线可靠检测,达到国际先进技术水平。

三、攻关,创新智能技术

高温锻件一般采用目视方法估测温度以调整工艺参数,导致热成形锻件质量不稳定。金源高端集中科研力量自主攻关发明了近红外机器视觉智能技术,使越来越多的智能元素出现在生产线上。采用基于机器视觉的锻件加热成形过程温度在线检测技术,获取高温热成形锻件近红外视觉图像,分析图像特征参数,利用热成型件比色测温技术,快速、准确获得锻件热成形过程温度参数。通过模型优化,将视觉系统的分辨率提高5%、测量精度提高10%。

在二十年如一日的技术攻坚之路上,金源高端积累的大

量专利就像里程碑，记录着每一次突破与创新，连起"技术攻坚"与"产品落地"天平的两端。依靠二十年的聚少成多，金源高端逐步突破了 5 兆瓦、6 兆瓦、8 兆瓦、10 兆瓦等超大功率风机锻件尺寸大、成形困难、使用寿命低的瓶颈，显著提高了低风速及海上风电机组发电效率、质量稳定性及可靠性，硬是靠自主研发填补了国内空白。当前，国内外受到市场认可的主流配套锻件生产厂家仅有 3 家，金源高端便是其中之一，成功获得了几乎所有知名整机厂的供应认证。公司生产的兆瓦级风力发电机齿轮箱配套锻件无论在内销还是外销市场上，均牢牢占据头部地位。2022 年获得工信部制造业单项冠军产品称号，销售额突破 14.5 亿元。未来，金源高端将坚持重技术、重品牌的发展方向，持续开展行业技术研发、向成为全球精密铸造领军制造商不断迈进！

执笔人：黄启铭

编者点评

大风起兮云飞扬！新能源浪潮席卷而来，新能源产业也成为时尚的"风口"产业。而风能产业及应用作为"风口"之"风口"，也必将成为一道越来越长、越来越亮丽的风景线。金源高端抓住机遇，展开创新的翅膀，借风起势，凭风成势，将来更要迎风造势，直挂云帆济沧海，奔向"诗和远方"！

捷佳创：
坚持自主创新 赋能光伏产业

全球能源转型，光伏堪当大任。2022年，全国硅片产量达到227吉瓦，同比增长40.7%，电池转换效率再创世界纪录，达26.81%。硅片产量和电池转换效率的提高离不开硅片生产的关键设备——清洗制绒设备。高纯度的多晶硅经光照会有反射，这时候就需要通过清洗制绒设备在硅片表面进行制绒，去除硅片表面的有机物和金属杂质，同时提高硅片对太阳光的吸收效率。

2008年，深圳市捷佳伟创新能源装备股份有限公司看中光伏行业龙头企业——天合光能股份有限公司的行业影响力，在常州设立全资子公司——常州捷佳创精密机械有限公司，主要从事晶体硅太阳能电池片生产所需的制绒清洗设备、湿法刻蚀设备、异质结电池片（HJT）制绒清洗设备、等离子增强化学气相沉积（PECVD）设备的研发、生产和销售，并力争将影响力辐射到整个长三角地区乃至全球。

捷佳创以湿法制程起家创业，经过20年的经营和探索后，生产的设备整机关键性能指标、加工工艺、能耗指标已处于行业领先水平，成为太阳能光伏全产业链里全球唯一整线生产发射极钝化背面接触（PERC）、隧穿氧化层钝化接触（TOPCON）异质结、交叉背接触（IBC）、钙钛矿电池装备的企业，以及唯一全产业链工艺设备完全自制的企业。目前，地球上几乎每一片晶硅电池片背后都有捷佳创团队的身影和汗水。

一、自主创新，研发第一代高效清洗制绒设备

按照硅片 125 毫米 ×125 毫米的规格和每小时 1 600 片的出片量，在 2010 年之前，一台进口清洗制绒设备的售价达到了 120 万欧元。作为我国晶硅太阳能光伏设备制造行业的领军企业，捷佳创围绕关键领域、关键环节、关键技术及工艺，通过自主研发，于 2010 年首次将第一代高效清洗制绒设备推广到市场，各项技术指标均优于国内外同类产品，然而价格仅仅是进口设备的四分之一，捷佳创凭借产品的显著优势迅速打开了市场销路，助力中国光伏产业问鼎世界第一。

高效清洗制绒设备

二、自主创新，首创硅片臭氧清洗技术

传统的单晶硅片制绒工艺中，常用过氧化氢作为氧化剂去除硅片表面脏污和氧化层，但是排放过程中存在废水污染的现象。在"双碳"目标的引领下，捷佳创针对这一痛点，成立自主研发团队，经过20多天持续攻关，瞄准臭氧的氧化性强于过氧化氢的特性，终于在制绒清洗设备上首创了硅片臭氧清洗技术，并在节能减排方面取得关键性突破，帮助客户降低了32%的化学品排放量，实现了零氮排放，以及减少了30%的设备运行成本，其独特的实验发明方法还获得国家知识产权局发明专利授权。

三、自主创新，大幅提高设备产能

万事开头难。在清洗制绒设备的大容积槽体项目研发过程中，既没有过往经验可借鉴，也没有可靠的工艺参数做铺垫。研发团队主动放弃休息日，经过一个月夜以继日的技术攻关，终于攻克了制绒清洗设备600片大容积槽体的制作难点，一举超越了400片的进口设备槽体容积，在满足批量处理工艺中对硅片绒面一致性要求的前提下，使得设备产能由传统的6 000片提高到18 000片，并保障硅片光电转换效率由21.5%提升至23%，有效降低了客户的生产成本和运营成本，引领了光伏设备行业的技术变革。

四、自主创新，研发量产 PECVD 镀膜装备

多年来，捷佳创在晶体硅太阳能湿法工艺设备领域积累了丰富的经验，又对单层载板式非晶半导体薄膜化学气相沉积（CVD）设备不断探索和研究。2023 年下半年，捷佳创投资 50 亿元新建 12 万平方米的生产基地将投入使用，全面布局 PERC、TOPCON、异质结、IBC、钙钛矿电池装备，将实现单层载板式非晶半导体薄膜 CVD 设备的规模化生产，解决行业产品对于微晶硅沉积速率低、设备产能低、整版温度均匀性差、大板气流场分布不均匀等方面的共性问题，对提高行业技术水平具有重大的带动示范效应。该项目将有效削弱日、美、德企业在以 PECVD 产品为代表的高端 PECVD 镀膜装备领域的垄断地位，为企业下一步转型升级、迈上新的发展台阶奠定基础，促进国产高端 PECVD 镀膜产品替代进口，推动我国 PECVD 镀膜产品实现持续健康快速发展。

五、自主创新，打造高能级研发平台

捷佳创尤为重视科研创新。近年来，公司每年的研发投入约占营业收入的 5%，建有省级新产品、新技术、新工艺和新标准的重要研发机构——江苏省光伏电池湿法工艺设备工程技术研究中心。该技术中心拥有 2 000 平方米的研发、中试场地，以及国内光伏行业唯一的 3 000 平方米用于新型产品研发制造的洁净车间，配备价值 1 000 多万的百余件研发和检测设备。多年来，捷佳创依托技术中心开展各类科研

项目,并通过科研立项、知识产权保障等措施实现对成果的优先保护。截至2022年年底,公司已申请各类知识产权317项,其中授权发明专利27项,授权实用新型154项,授权外观设计16项,计算机软件著作权15项,奠定了公司在行业中的技术领先地位。

为充分发挥龙头企业集聚效应,公司联合产业链上下游相关企业及国内外知名高校院所,引进美国、日本、中国台湾顶尖技术专家团队,在常州地区设立了国内乃至国际领先的高端太阳能电池产业研究院——"江苏超高效太阳能电池先进技术产业研究院"制造平台,搭建起一条最先进的中试产线,专攻太阳能电池高端装备"卡脖子"技术,为太阳能电池关键装备逐步乃至完全实现国产化奠定了坚实基础。

六、自主创新,荣誉成果接踵而至

近年来,捷佳创以晶硅太阳能制绒清洗为专业方向,共完成了6项科研成果,其中3项获得国家、省部级科技进步奖。"高效低成本晶硅太阳能电池表界面制造关键技术及应用"荣获国家技术发明奖二等奖,捷佳创作为项目的参与者,在实现二氧化硅/多晶硅薄膜钝化接触结构产业化过程中,推出了全新的N型电池清洗设备,利用流体力学分析和3D建模分析技术,研发了400片大槽体结构以及大槽体高效循环/控温/补液系统,解决了大容量槽体溶液浓度、温度均匀一致性技术难题，满足批量处理硅片绒面一致性的要求，提升了电池转换效率。该项目是光伏领跑新能源、推动"双碳"目标大跨步前进的重大成就。另外，公司参与的"高效晶硅太阳能电池低成本制造关键技术及装备"荣获教育部高等学校科学研究优秀成果奖一等奖，"高效 N 型双面太阳电池组件关键技术及产业化"获得江苏省科学技术二等奖。荣誉背后，是中国光伏人打破国外长期垄断关键核心技术的艰难实践，也是捷佳创全体员工坚持创新创效的生动写照！

2022 年，捷佳创主营产品——高效清洗制绒设备获工信部制造业单项冠军示范产品称号。捷佳创产能达到满负荷生产出货状态，主营业务收入近 18 亿元。截至 2022 年年底，捷佳创已为全球 200 多家光伏电池生产企业，近 900 条电池生产线提供设备和服务，成功占据国内 90%、国外 80% 的市场份额，在晶科能源控股有限公司、天合光能、阿特斯阳光电力有限公司、通威太阳能有限公司、国家电力投资集团有限公司、比亚迪股份有限公司以及台湾昱晶能源科技股份有限公司、越南光伏科技有限公司、印度阿达尼集团（Adani Group）、美国加州阳光（SunPower）等国内、国际排名靠前的太阳能电池生产企业得到广泛应用，成为全球出货量第一的晶体硅太阳能电池设备供应商。

执笔人：顾柳婷

第三章 中流击水 浪遏飞舟
——制造业单项冠军之自主创新篇

📝 编者点评

在"双碳"目标的推动下,光伏产业已成为我国未来新能源产业发展的主力军。作为国际一流的光伏设备制造厂商,捷佳创抢抓"十四五"行业发展新机遇,以"发展绿色产业,奉献清洁能源"为使命,启动新一代太阳能电池量产关键装备的研究,提升多种工艺路线整线装备提供能力,为助力我国光伏产业技术领跑世界做出了应有的贡献!

第四章

以内养外　成就梦想

——制造业单项冠军之精益管理篇

俗话说：只有内强素质，才能外塑形象！精益管理作为一种理念、一种文化——追求和谐、追求完美、追求卓越，既是企业成长的学习过程，又是企业进步的管理方式，更是企业升华的精神动力！其目的是以企业内部最低成本、最优品质、最高效率对外部市场需求作出最迅速、最完美的回应和回馈，是精益求精、"以内养外"的至高境界！

上上电缆：
闯出高质量发展的"上上之路"

从一个名不见经传的苏南小厂，历经55年的发展，成长为中国线缆行业的领军企业，绝缘线缆企业规模排名中国第一、全球第七。在全国电缆企业上万家、规模企业4 000家以上的激烈市场竞争中，上上电缆的崛起堪称行业奇迹。2010年以来，上上电缆实现了销售收入从百亿元到三百亿元的历史性跨越。特别是2020年后，所有企业都遇到了前所未有的挑战，而线缆行业遭遇的困境尤甚，但上上电缆却在这两年实现了强势逆袭，始终保持着稳步增长的态势，2020年继续保持销售收入过200亿元的骄人成绩，2021年更是迎来了销售收入突破300亿元的历史性时刻。2022年，上上电缆仍然沿着高质量发展之路前进，销售收入同比增长7.8%。其主产品港口机械用电缆、核电站用电缆先后获得工信部制造业单项冠军产品称号，成为常州市唯一有两个产品获此殊荣的企业。

上上电缆一路成功的秘诀就在于始终坚持走质量兴企之路。55年来，上上电缆始终坚持人诚品优、走质量兴业之路，质量第一在上上电缆从未动摇。"质量比天大"，"质量是企业的生命"，"质量是面子，质量是尊严"早已成为企业的质量文化，成为五千余名上上电缆员工恪守的信条。正是有了这份对质量的坚持，上上电缆的发展从"速度型盈利模式"成功转向"质量型盈利模式",闯出了一条高质量发展的"上上之路"。

一、工资上墙的"上上特色"

上上电缆每个生产车间的看板上,除了常见的看板管理的内容,比如质量改进、质量控制小组等,还有一些与其他企业完全不一样的内容,那就是该车间每位员工每天的收入。2022年5月,江苏省省长来上上电缆调研时,他也如同许多来上上电缆车间实地参观考察的领导、专家、嘉宾、客户一样,一下子就被上上电缆的这一"特色"所吸引——只见一张大表格,纵向是该车间每一位员工的姓名,横向是每名员工每一天的工资收入。来上上参观的人无不为此好奇和惊讶!惊讶于他们怎么能将每位员工每天的工资算得如此清楚和精确?惊讶于同一个车间同样的工种为何收入还会有这么大的区别?

上上电缆工资上墙表格

二、"四个人人"的独创理念

在工资"上墙"的背后是上上电缆独创的"四个人人"质量管理理念。上上电缆一直致力于建立一套"责任明确、利益直接、上下认同"的质量绩效模式,将员工成长与企业发展、将个人贡献与工资待遇紧密相连,形成利益共同体,实现员工的高度自主管理。"四个人人"就是其实践模式,即"人人有指标,人人有数据,人人都算账,人人当老板"。该模式以大数据为基础,以"六化"(标准化、精细化、数据化、即时化、可视化、高效化)为支撑,以"四个人人"为核心,实现"员工当家作主"的目标。让员工从"要我做"真正转变为"我要做",全面调动了员工的主观能动性。该模式被评为第二届、第三届、第四届中国质量奖提名奖,还获得中国工业大奖、全国质量标杆、全国机械工业质量创新大赛金奖。上上电缆先后荣获第二届、第三届、第四届中国质量奖提名奖,成为我国电缆行业唯一连续三届获此殊荣的企业。一系列质量领域的至高荣誉,是对上上电缆在质量管理领域不断探索创新的肯定。

三、全方位强化质量安全责任

上上电缆专门制定了《生产经营全流程质量责任考核规定》,明确全体中高层质量安全责任;制定了《产品质量奖罚规定》,关键岗位签署"质量安全承诺书",明确基层岗位各级人员质量安全责任;建立质量否决制度,设立质量红线,贯彻"质量四不"理念（不敢、不能、不想、不出），对重大违规、质量不诚信行为一票否决；制定《质量积分管理规定》，创新质量驾照机制，对员工质量行为和质量绩效计分，扣满10分直接下岗再培训；出台重赏举报制度，设立扫码举报平台，鼓励员工对一切违反质量红线的行为进行举报。以健全的制度确保质量安全责任落到实处。

四、实施系统性质量提升计划

上上电缆每年制订基础管理提升计划，重点围绕产品实物质量提升、现场管理水平提升、员工素质能力提升、防错防风险能力提升、企业经济效益提升等五大方面进一步制定74项专项提升计划；制订生产经营全流程质量效益提升计划，重点围绕向供应商要效益，向设计、制造要效益，向库存品、呆滞品、废品要效益，向能源要效益等4个方面确立65项提质增效项目。同时，严抓两大计划的贯彻执行，每周发布一期产品质量周报、每月召开经济运行分析会，对所有质量、效益提升等措施和绩效进行汇报，通过三比（与上月比、与去年同月比、与去年环比），用数据、用结果评价工作成效。

五、建立质量管理数字化模式

2008年，上上电缆建造了一个新的车间——超高压车间，借助这个新建的产品生产线，2011年，上上电缆决定开行业之先河，上马世界上首个用于超高压电缆的计算机集成制造系统（CIMS），也就此开始了其质量管理数字化方面的探索。

打开电脑、轻点鼠标,上上电缆某个车间的生产状况一目了然,不仅如此,上上电缆的一些关键指标,如销售额、能耗、订单等,也是实时采集、实时更新,清清楚楚。不仅董事长能随时看到这些指标,上上电缆的首席信息官、分管副总、分厂厂长们,也能通过电脑屏幕,相应地实时了解自己权责范围内的信息。这种简单明了的背后,是上上电缆在信息化建设方面持续投入带来的结果,也是面对如今数字化发展浪潮,上上电缆积极拥抱"质量管理数字化"新趋势的探索。

上上电缆集成计算机辅助工艺过程设计(CAPP)、SRM、运输管理系统(TMS)、企业资源计划(ERP)、MES等信息系统,打造了生产、销售、安环和能源四大数字化管理中心,实现生产全过程透明化和产品全寿命周期的质量追溯。数字化营销中心实现报价、订单、排产、库存、交付、货物签收等全流程的在线数字化管理;数字化生产中心实现对生产进度、工艺管理、工艺监控、设备运行参数、质量检验、信息化防错等方面的在线数字化管理;数字化能源中心建立了集团、厂区、分厂、工序、设备五个层级的能源实时在线监测平台;数字化安环中心对所有关键区域实时监控报警、安全预警和快速反应,打造安环"110"。

上上电缆在行业内首次实现从原料入出库、生产各工序,再到成品交付直至物流运输全过程进行二维码管控,包括扫码投料生产、扫码出入库、扫码发货、扫码在途定位等,贯彻"有物必有码,有码必可扫,各取所需"的信息化目标。

第四章 以内养外 成就梦想
——制造业单项冠军之精益管理篇

与此同时,数字化防错技术广泛运用于生产和检验各环节,实现称重比对、扫码比对、视觉检测、实时监测预警等防错功能。目前,上上电缆已做到"一根电缆,一套电子质量档案",建成 CIMS 系统实现对产品制造全过程的产品质量特性和生产过程中的洁净度、线速度、温度等所有静态、动态参数进行在线监测和永久追溯。

上上电缆超高压 CIMS 集控中心

六、质量管理催生优质产品

精益化的质量管理模式为打造优质核心产品创造了坚实的基础。2010 前，上上电缆为 AP1000 做核电缆的时候，没有现成材料可用，就自己研发；工艺上需要优化，就自己设计实验装置测试。截至 2022 年年底，公司已经建起了 3 个工艺工装研究室、8 个可靠性实验室、10 个材料研发实验室，可以满足模拟实际工况的使用验证等环节的需求，为技术创新搭建了更高的研发平台。2013 年，面对中国核电技术不断发展带来的广阔前景和世界核级电缆领域的市场空白，上上电缆以"四个人人"核心理念和创新精神，攻克了几十个难关，终于研制出三代核电 AP1000 壳内电缆，填补了世界空白。

上上电缆产品展厅内，陈列着核电站模型，模拟了上上电缆在中国具有完全自主知识产权的第三代核电"华龙一号"中的应用。核电站壳内电缆，对保障核电站安全运行具有重要意义，而特殊的工作环境又要求其在辐射、高温、高压的环境下寿命达 60 年，堪称电缆界"皇冠上的明珠"。中国在建、已建的核电项目几乎都有上上电缆的产品。继应用于三代核电的产品成功后，随着中国核电技术的发展，上上电缆又开始了应用于四代核电技术的产品研发。

"我们一辈子只干一件事，那就是做电缆，干实业。我们也将始终坚持走'质量兴业'之路，和全行业一起不断从优秀迈向卓越！"这是上上电缆用行动践行的诺言。上上电缆坚持"质量兴厂"，实施"专精特新"战略，以"人诚、品优、开拓、创新"为核心价值观,连续 18 年推行卓越绩效,构建了科学高效的质量管理模式,从关注产品质量的"小质量观"到全面关注产品质量、工作质量、过程质量、绩效质量和发展质量的"大质量观"。正是这种大质量观,引领上上电缆成为全球电缆制造业的引领者。

执笔人　陈丽达

编者点评

上上电缆是向上的企业,是上上的企业!当上上电缆申报常州市市长质量奖时,他们的目标是"成为中国电缆制造业的坚强脊梁";当上上电缆申报江苏省质量奖时,他们的愿景变成了"成为中国电缆制造业的引领者";而上上电缆申报中国质量奖时,他们的使命又成了"争当全球电缆制造业的引领者"。上上电缆在精益化管理的道路上不断向上提升自我认知,不断向上调整自身定位,朝着更高、更强的目标跃进,这是上上电缆企业文化的精髓之所在!

今创集团：
以质为先　不断精进

中国每两列飞驰的动车上，就有一列的内装饰产品源自今创集团，几乎占据半壁江山。今创集团在国际市场的占有率也处于领先地位，其中在英国地铁市场占有率达90%。从1988年开始起步，到如今恢宏的规模，短短30个年头，今创集团从无到有，从一个生产几毛钱小零件的小作坊到引领全球轨交内装潮流的大型民营企业，今创集团的产品能得到国内、国际市场的高度认可和信赖，其核心秘诀就是以质为先，不断精进！

一、用锤子说话的"人治"模式

2003年，地铁的大订单一个接一个飞来，工厂跨入了发展的快车道，产品远销海内外。然而，问题也伴随出口产品标准的升级而来……

一天夜里，工人们正在车间加班，负责项目检验的外方人员半夜里跑来搞突击检查。当时生产的是玻璃钢产品，生产流程果然出了问题：按照要求，玻璃钢制品每刷一层黏合剂都要间隔一定的时间，每个间隔时间都要精确记录。工人们为了图省事，涂完一层后不是立即记录，而是等几层都刷完了，再一起记录。这样做违反了操作要求，给产品质量留下了隐患。外方代表气得当场就把记录材料撕了。

质量是产品的生命，也是企业生存的法宝。今创集团痛定思痛，下决心施以重拳，让全厂职工深刻感受一次产品质量的教育。高层决定在厂区广场召开全厂职工大会。一辆大卡车停在广场中间，车上放着有缺陷的玻璃钢制品。董事长二话不说把手中的大锤举了起来，"咣"的一声巨响，玻璃钢产品被砸了个大洞，接着又连续挥锤，把玻璃钢制品砸了个稀巴烂。砸完后，董事长环视全场说："做出这种不合格产品，是在砸我们自己的饭碗！不用别人砸，我现在就先把它砸了！今后，谁敢再用过去那一套糊弄，砸工厂的饭碗，我就砸他的饭碗！"今创集团在质量面前毫不含糊，在当时特殊的市场环境下，用锤子唤醒全厂干部职工的质量意识和主人翁精神。

二、以制度立规的"法治"模式

老板怒砸玻璃钢，把全厂干部职工砸醒了。面对新客户、新产品、新技术、新标准，今创集团认识到：企业管理光靠人治的老土法行不通了，要从根本上提高产品质量，必须招聘新的技术人才和管理人才，制定新的制度强化管理、创新管理。为此，公司从强化员工的标准意识，提升质量管理标准开始，建立质量管理体系，集团每个部长手里都要有一份最新的质量管理标准，分工明确，职责分明，并要求在工作中认真执行。哪个环节出了问题，就按规定追究负责人的责任。从此，今创集团迈上了制度化管理的新阶段。

今创集团生产车间

如今,今创集团的管理制度已经修订过上百次,从地铁产品到高铁产品,从国内产品到国外产品,从采购降本到设计优化,从工艺改善到合理化建议与改善提案、精益生产、管理制度一步步健全,也一步步完善,确保了项目和产品的质量。

新加坡的地铁项目向来以超高的质量要求闻名于轨交行业。新加坡地铁滨海市区线(DTL)项目初期,长春长

客——庞巴迪轨道车辆有限公司（CBRC）作为整车供应商，在国内积极寻求地铁内装供应商进行试样，今创集团在这种背景下参与了这个项目。随着项目的深入，在新加坡业主及CBRC团队近乎苛刻的质量要求下，其他厂商纷纷退出，而今创集团顶住了压力，以精益求精的态度不断要求自身、提高产品质量；积极与业主、客户团队磨合，理解客户需求，消化产品设计理念。在试制过程中，加班至深夜成了项目成员的日常。锲而不舍，金石可镂。最终，今创集团凭借超出业主与 CBRC 预期的产品质量顺利通过了试制验收，拿下了宝贵的订单。项目交付后，DTL 项目在新加坡广受好评，也为今创集团在海外市场上亮出了一张耀眼的名片。新加坡业主也被公司稳定的产品质量、专业的团队素养深深打动，多次指定今创集团为新加坡地铁项目供应商。虽然 DTL 项目已结束多年，但回想起来，DTL 项目是一块试金石，磨砺了今创集团不断精进、精益求精的管理精神；也是一块敲门砖，为公司拓宽海外市场、打响企业品牌发挥了重要作用！

三、朴素质量管理，聚焦客户体验的质量文化

今创集团在制度化的基础上，聚焦客户体验，自主创立了"朴素质量管理"模式。这种模式源自朴素的绿皮火车衣帽钩，基于乘客体验最大化，从"聚焦客户体验"输入，经动态平衡的"协同创新 + 柔性工艺 + 链合智造"价值链循环，

今创集团朴素质量管理模式图

实现最高的"标杆"的愿景。此模式已在今创集团的国内、国际等七个工业园的企业得到推广。

今创集团提前介入到客户的方案设计阶段，以多年总结出的典型结构知识库和工艺方案库等引导客户，使设计方案在实现顾客价值目标的同时输入今创集团的元素。2019年公司与韩国现代 Rotem 公司合作了 TRA520 项目，在现代 Rotem 的投标报价阶段提前派出了5人组成的技术团队，根据客户的技术要求提出了技术方案，该技术方案基于今创集团的标准库和型材断面库、工艺数据库以及故障报告、分析和纠正措施系统（FRACAS）的大数据分析和归纳，充分融合了客户需求与今创元素，使设计效率提升了50%，生产效率提升了35%，产品的缺陷率降低了10%，极大地增加了今创集团的产品竞争力。

今创集团多年来秉承"质量不进则退，慢进也是退"的朴素质量理念，持续推动质量改进，夯实质量管理，打造质量标杆，被评为工信部制造业单项冠军示范企业。同时，致力于满足顾客的需求，实现顾客价值最大化，为服务质量的持续提升保驾护航，成为全球轨道交通一站式配套解决方案提供商，赢得了全球客户信赖！

执笔人：李静

编者点评

质量是人管出来的，也是制度规范出来的，但质量更是一种理念、一种文化。今创集团秉承"诚信立业，质量兴业，以人为本，客户至上"的经营理念，在质量管理上从"人治"迈向"法治"，又从"法治"跃升到"企业文化"层面。一步一步地提升和历练不仅诠释了今创集团视质量为生命的核心价值观，更让企业在市场经济大潮中屹立潮头，散发出独特的文化魅力！

星宇车灯：
标准引领　打造民族标杆

常州星宇车灯股份有限公司博物馆内，静静地停放着一辆国庆阅兵车。

检阅用车型

这辆阅兵车正是 2019 年庆祝中华人民共和国成立 70 周年阅兵式检阅用车型。阅兵车庄严美观、威武霸气，处处彰显着中国人民的智慧和荣光，同样也诉说着它与星宇车灯的特殊缘分——自 2009 年起，星宇车灯凭借过硬的技术，参与并承担了两代国家领导人使用的国庆大阅兵检阅车车灯的设计研发和制造。一路走来，星宇车灯有无数这样的荣耀时刻：2002年获评国家高新技术企业、2011年上海证券交易所上市、2015年纪念反法西斯战争胜利70周年阅兵车车灯研发、2018年荣获江苏省质量奖、2021年荣获江苏省质量标杆等荣誉称号、2021年获得工信部制造业单项冠军示范企业称号。2022年牵头起草的首个车灯行业ISO标准发布。这些荣耀背后的制胜之道就是星宇车灯乘风破浪的"发动机"——创新驱动，标准引领。

一、标准引领，筑牢质量之基

作为智能制造类企业，星宇人深知，面对激烈的市场竞争，没有标准就没有质量。星宇车灯成立30年来，始终坚持用标准打造高质量产品。星宇车灯的老员工们至今依旧记得公司初创时东拼西凑4万多元买了第一台注塑机。正是这台机器，生产出了星宇的第一个车灯产品；也正是靠着高于同行的标准和技术，顺利地拿到了一汽轻型车(1046L)车灯的订单，从一开始就奠定了星宇车灯"标准引领"的质量灵魂。

星宇车灯至今已经建立了352项企业标准，全面覆盖科研、生产、管理、销售等方方面面，正是如此严苛的标准，筑牢了星宇车灯拳头产品的优良品质，赢得了客户的高度认可。2004年星宇车灯参与了一汽—大众宝来（Bora）后灯同步研发项目招标，中、德两方人员进行技术答辩。起初，一汽—大众对星宇车灯的自主研发能力持怀疑态度，但是经过星宇人的完美展示及快速响应，最终拿下了大众此款车灯的同步研发项目。二十年前，星宇车灯第一个前期研发产品送到德国大众汽车集团时，对方的工程师根本不屑一顾；现在，每一轮产品送过去，德国大众汽车集团的电器科科长都会亲自评审。态度的转变本质上是对星宇车灯质量的认可。星宇车灯制定了严格的质量管理标准，公司对产品设计和开发实行全过程控制，从产品立项到量产，要经过五个阶段，多轮评审和各种性能实验，最终才交付到客户手中。标准控制使产品质量得到有效保障并迅速占领市场，如与一汽配套的世纪星小红旗前照灯、宝来 A4 全套室内灯、奥迪（Audi）A6 全套室内灯等畅销国内各大主机厂市场。

二、标准引领，打造创新之要

只有标准不断创新，才能有技术不断进步。星宇车灯建设江苏省技术标准创新基地，以标准引领创新。"致敬技术人、相信技术人、服务技术人、挑战不可能"的创新理念激励着一批又一批的星宇人不断攻关。在星宇车灯，关于技术、管理等的创新项目不分大小，无论是技术人员的科研创新，还是一线工人的技术革新，都会得到公司的高度重视和全力支持，创新成为星宇车灯的一项大众活动。十几年来，公司连续多次举办职工技能大赛、创新大赛等创新竞赛活动，形成了全员创新、首创赋名的创新体系，培育出"专利大户""创新达人"等许多优秀人才，涌现出千余名专利发明人以及一名全国劳动模范、一名全国五一劳动奖章获得者。

创新永无止步，经过十几年的不懈奋斗和努力，星宇车灯技术团队从最初的十几人发展到百余人，开发具有行业领先水平的产品及其工艺技术，对具有市场前景的产品技术进行重点研究开发，创新能力从简单的自主设计到具备完善的创新机构、创新规划和创新人才，推进技术创新全过程实施，在开发产品的方式上实现了由过去的逆向设计变为与汽车厂进行同步开发的转变。2010年，星宇研发中心被认定为国家级企业技术中心。

创新一直是引领星宇车灯发展的第一动力。截至2022年年底，星宇车灯先后承担江苏省重大科技成果转化项目"大功率LED在汽车组合前照灯上的应用研发与产业化"、国家重点研发计划专项项目"基于第三代半导体激光器的新型激光照明技术研究"、国家火炬计划项目"速腾（SAGITAR）室内灯"、"T11组合前照灯"、国家863项目"车用LED光源系统开发"等，主持和参编国际、国家及行业标准9项，专利累计获得授权1678件，国际专利申请7件，荣获中国专利奖银奖和优秀奖以及国家知识产权示范企业称号。

三、标准引领，铸就民族品牌

多年来，星宇车灯通过高质量的产品、领先的技术和优质的服务在全球客户中赢得了良好的口碑,以创新为动力、不断拓展生存与发展空间,为民族品牌高质量发展赋能。

近年来,公司又单独成立了研究院和上海研发机构,负责公司基础研究及前沿技术研究开发。国际市场上,汽车灯具雾气问题已开展多年技术攻关,由于缺乏标准化应对方法,灯具起雾一度成为行业痛点。瞄准这项空白,星宇车灯技术团队研究攻关多年,在历经300余项次试验验证后最终发布,率先得到国际认可。2022年由星宇车灯主导制定的《道路车辆－外部照明装置的防雾涂层－技术条件》被国际标准化组织(ISO)正式批准发布,该标准有效填补了国内国际空白,有助于提高汽车外部灯具防雾涂层的性能和效果,保障驾驶员和行人的安全,也为防雾涂料供应商、汽车灯具企业在开发和选用防雾涂料时提供了参考依据。标准发布后有许多车企、涂料厂家来咨询,想对标准中定义的设备进行采用。在以日、欧企业为主导的车灯防雾涂料领域,中国企业星宇车灯的声音被有力传播着。

截至2022年年底,在车灯标准方面,星宇车灯具备国际标准化组织/道路车辆技术委员会(ISO/TC22)专家2名、全国汽车标准化技术委员会灯具及灯光分技术委员会TC114/SC21委员2名,全国汽车标准化技术委员会电子与电磁兼容分技术委员会TC114/SC29委员1名。公司车灯产品覆盖汽车前照灯、后组合灯、小灯等全系列产品,先后承接了一汽－

大众捷达、宝来、速腾、高尔夫、迈腾、奥迪等车型的前照灯和后组合灯项目。2016年以来，更成功承接德国宝马后组合灯全球项目、奔驰后组合灯全球项目，还承接了丰田、本田、日产等日系品牌前照灯和后组合灯项目。两代国家领导人乘坐的红旗阅兵车全套车灯的成功开发更是为祖国和民族争得了荣誉。车灯产品也随着光源的革命从卤素灯、氙气灯到发光二极管（LED灯）、再到激光灯、智能灯不断演进，产品研发能力日益增强，标准引领作用愈发显著。多年来，星宇车灯根据市场和自身发展的变化，对品牌进行不断地自我维护和提升，从而持续产生品牌影响力，打造业内的全球知名品牌，不断实现"星宇车灯，照亮世界"的梦想！

执笔：李荣亮　袁凡婷

编者点评

俗话说："二流企业搞产品，一流企业抓标准。"谋标准就是谋未来！星宇车灯长期以来坚持标准引领，推动实施标准化战略，以标准为抓手，抢占市场先机，不断提升民族品牌形象和影响力，推动中国"智"造走向世界。如同星星装点夜空，点亮宇宙一样，星宇车灯照亮了世界！

武进不锈：
以"不锈"之精神　研磨"不锈"品牌

江苏武进不锈股份有限公司创建于20世纪70年代初，前身是武进不锈钢管厂，90年代初跻身国内主要不锈钢管制造行列，2016年12月在上海证券交易所上市。作为国内规模最大、综合实力最强的工业用不锈钢管制造企业之一，与众多制造业单项冠军企业一样，武进不锈执着于只做一件事、做好一件事，五十余载专注不锈钢领域，重点研发制造能源、高端装备等行业用不锈钢和特种合金无缝管、焊管、法兰及管件产品。其生产的能源用大口径不锈钢无缝钢管于2020年被认定为工信部制造业单项冠军产品，销售量稳居国内第一。

能源用大口径不锈钢无缝钢管产品

我们常说"人如其名",武进不锈可以说是"企如其名",以不生锈的精神追求,打造不生锈的产品,五十年如一日打磨的正是"永不生锈"的金字招牌。

如何做到"永不生锈"？武进不锈给出的答案是精益管理,追求极致。纵观武进不锈的发展历程和所取得的成绩,精益管理、追求极致是全方位的,尤其在企业品牌培育和打造上更为突出。武进不锈积极推动"Wujin"品牌及产品在行业内外、海内外获得广泛知名度,努力成为"极具国际竞争力、备受尊重的世界不锈钢管领军企业"。

一、清晰明确的品牌培育战略

理念为先,机制为基。围绕"着力打造具有核心竞争力和全国影响力的自主品牌",武进不锈制定了明确的品牌培育战略和目标,编制了品牌培育管理手册和22个程序文件,梳理了13个相关制度和管理办法,在此基础上建立了较为完善、切实可行的品牌培育管理机制,捋顺了各部门工作与品牌培育之间的关系,打通关键环节、破除机制壁垒,形成了清晰的品牌培育路径,为建立自主品牌优势,不断提升国际影响力,实现品牌持续增值提供了科学有力的制度保障。同时,企业通过大力整合公司的技术、管理、文化、营销和创新等优势,提升公司商标的知名度和美誉度,逐步把公司的创新优势和产品质量优势转化为品牌价值优势,不断提升自主品牌的国际影响力,不断扩大不锈钢管在高端国际市场份额,使品牌效应逐步彰显。2022年中国品牌价值评价信息发布:武进不锈自主创新品牌品牌强度841,品牌价值19.51亿元。

二、与时俱进的质量管理体系

武进不锈的产品广泛用于电站锅炉、核电、石油、液化天然气、化工、光伏发电、光热发电、船舶与海洋及压力容器、机械制造等行业。如果产品质量稍有差池,就可能导致爆炸事故,带来不可估量的人员伤亡和财物损失。保证企业生产零事故,不仅是对客户的高度负责,也是对"武进不锈"这块牌子的极致爱护。为了练好品质内功,武进不锈建立了与时俱进的质量管理体系,实施持续改造提升,仅产品质量相关保障制度就有20多项;在生产过程中,更是从品种开发、规格开发、产线自主集成以及制备工艺完善方面追求极致,严格按照或高于美国材料与试验协会(ASTM)标准、美国机械工程协会(ASME)标准、日本工业标准(JIS)、德国工业标准(DIN)、国家标准(GB)等标准来组织生产;配备有扫描电子显微镜、高温蠕变持久试验机、高温高压缓慢拉伸仪等230多台(套)国内外先进的检测仪器设备,并针对产品质量进行数据统计分析、跟踪调查等,通过优化产品全生命周期管理,确保零缺陷。其产品在历年的国家和省质量检测中心监督抽查中均为合格，性能指标名列前茅。

三、高效务实的研发创新体系

从创始之初，武进不锈就在科研开发上矢志不渝，不仅建立了以基础研究、产品开发、市场转化为核心的完备研发和技术创新体系，更是摸索出了一条从实验室研发、产线自主集成到产业化全流程的生产实践和创新探索路径。在坚持不懈的技术拓荒过程中，武进不锈建立了国家企业技术中心、国家级企业博士后科研工作站、国家认可（CNAS）实验室以及5个省级研发和服务平台，起草了国家标准41项、行业标准4项、团体标准7项，荣获省部级科技进步奖一等奖4项，知识产权、技术积累等实现跨越式增长，走在国内行业最前列，步入国际第一方阵。其牵头完成的"油气输送用大口径厚壁不锈钢焊管关键技术与装备研发与应用"项目，还拿下冶金行业的"奥斯卡"小金人，荣获2022年全国冶金科技进步一等奖。特别值得一提的是武进不锈针对高性能不锈钢无缝管系列产品开发难点，自主开发了能适应不同牌号的世界上最大口径不锈管短流程"热穿孔－冷加工"加工工艺及冷轧装备，实现了高性能大口径不锈钢无缝管的低成本稳定生产。一举开创了我国大口径、高性能、低成本不锈钢管制备的先河，成为世界上少数掌握核心技术并产业化的企业，也有效解决了我国能源关键技术装备基础管材的瓶颈。能源用大口径不锈钢无缝管产品更是技术领先，性能稳定，多次获奖，稳扎稳打进入钢铁产品"工艺品"国家队行列。

近年来，武进不锈大力推进体系能力建设，积极探索机制和管理创新，广泛开展技术创新活动，承担国家重大技术改造、国家强基工程、省战略性新兴产业、省科技成果转化、省重点研发计划等近六十项，累计解决我国高端装备制造发展"卡脖子"特种管材技术和产品二十多项。"特种无缝钢管""高精度高温合金管""SP2215奥氏体耐热不锈钢"被列入工信部《重点新材料首批次应用示范指导目录》先进钢铁材料之一，获中国工业大奖表彰奖和提名奖2项。打破世界技术垄断，提升不锈钢管产业制造能力，满足国家重点工程需求，为国家经济转型、产业结构调整、绿色能源环保起到了基础性保障作用。

四、"三位一体"的市场拓展机制

"引领民族工业品牌装备，争做高端一流的不锈钢管"是武进不锈给予自身的责任使命。武进不锈以"永不生锈"企业精神演绎"真诚倾听、用心沟通、一言九鼎、使命必达"的服务理念，以质量、技术和服务"三位一体"要素支撑模式来统领产品市场开拓工作。特别是产品质量方面，公司多年来坚持走质量效益型道路，积极推进以追求零缺陷为理念、以体系管理为特征、以系统预防为重点、以过程控制为方法、以用户满意为标准的零缺陷系统工程管理。严格执行产品标准组织生产，积极采用国际先进标准。2013年获质量信用AAA企业称号，2017年"超超临界火电机组高压锅炉用不锈钢无缝管"获达到国际同类产品先进水平的特优质量奖，有6项产品获达到国外同类产品水平的金杯奖认定。

凭借"三位一体"的市场拓展机制，公司积极参与国外重大能源工程的竞标，逐步进入国外能源公司的主要供应商行列，服务荷兰皇家壳牌集团（Shell）、美国埃克森美孚石油公司（Exxon Mobil）等知名公司；积极响应国家"一带一路"倡议，主动参与全球市场协作分工，随上游中石化、中石油、东方电气集团东方锅炉股份有限公司（东方锅炉）、上海电气集团股份有限公司（上海电气）等一起走出去，参与伊拉克哈法亚三期项目、中俄重大能源合作亚马尔液化天然气项目、马来西亚国家石油公司RAPID大型炼化一体化项目等。武进不锈凭借着"三位一体"的市场拓展机制，成功获得了参与全球项目的资质，在国际舞台上站稳了脚跟，进入世界能源行业主流供应商体系，先后直接或间接承担国外能源工程100多个。武进不锈产品的优越性愈发显现，品牌价值和美誉度不断提升，市场竞争力和占有率显著提高。2022年公司销售不锈钢无缝管46 244吨，销售收入为189 561.9万元，2022年实现销售收入 28.3 亿元（同比增长 4.86%），利润总额 2.46 亿元（同比增长 21.86%）。

执笔人：徐磊

"走精品之路，做品牌企业"是武进不锈的永恒理念。武进不锈的成长之路告诉人们：只有"永不生锈"的思想，才能创建"永不生锈"的机制；只有"永不生锈"的机制，才能孵化"永不生锈"的创新动能；只有"永不生锈"的创新动能，才能创造"永不生锈"的品牌；只有"永不生锈"的品牌，才能造就"永不生锈"的百年企业！

第五章：

破茧成蝶　涅槃再生
——制造业单项冠军之转型升级篇

转型升级是企业生存、发展、壮大的必然路径。常州制造业单项冠军企业一方面从粗放型向集约型，从高耗能向节能型，从高污染向绿色低碳化，从产业链低端向高端不断升级；另一方面，从传统产业向战略性新兴产业，从纯制造向服务型制造，从"传统制造"向"数智制造"不断转型。在转型跃升中增强企业造血功能，培育新的增长点，重塑竞争优势，提升社会价值；在转型跃升中探索出一条制造业高质量发展之路，一条高端化、智能化、绿色化的新型工业化发展之路。

中天钢铁：
做精钢铁主业　笃行绿色发展

在装有空调的主控室内，只要在键盘上动动手指，就能完成初轧、精轧、打包等流程，以往轧钢工人挥汗如雨的场景不复存在；全省钢铁企业率先实现原辅料全部封闭式管控，"用矿不见矿、用焦不见焦、运料不见料、出铁不见铁"；树木郁葱，花草有致，厂区从"工业游"向国家4A级旅游景区迈进……

在中天钢铁，冶金企业原有的高能耗、烟尘排放、噪声污染形象已经彻底改变。曾经，中天钢铁一家企业的能耗占了常州市规模以上工业综合能耗的三分之一，所在的武澄沙地区大气污染物浓度长期异常偏高，空气质量成为苏南地区"洼地"，成为改善江苏全省空气质量的制约区域。如今，一座智能化的现代化绿色钢城正在崛起。

多年来，中天钢铁在持续科技创新、提升产品竞争力的同时，始终强化绿色低碳理念，累计投入超150亿元，实施了120余项节能减排、循环经济工程，成为国家级"绿色工厂"，2022年获工信部制造业单项冠军产品称号。

一、全面起势，打通减排降碳生态链

中天绿色精品钢围绕"生产洁净化、厂区园林化、制造绿色化"目标，在能耗、排放上做"减法"，在管理、技术上

做"加法"。在常州本部,中天钢铁重金"砸"进环保,累计实施城市中水回用、综合污水处理、全工序超低排放、全封闭料场管理、锂电池储能电站、分布式光伏电站建设等120余项节能减排、循环利用工程,打通减排降碳生态链。其中,550平方米烧结机烟气脱硝项目于2018年10月建成投运,中天钢铁成为省内首家实现烧结机烟气脱硝钢铁企业;550料场封闭大棚,是国内跨度最大的全封闭料场;2020年5月试航的中天电运001船,是京杭运河、长江流域首条千吨级纯电动运输船;2021年,中天钢铁还投入20万元购置吸污车,每天减少5吨生活污水排放;2022年5月19日,在中天绿色精品钢项目的中央水处理厂,蒸发结晶分盐系统正式投产,实现废水零排放。据悉,该系统在常规废水深度处理的基础上,将高浓废水进一步浓缩分盐,经蒸发结晶制得氯化钠工业盐产品,废水则变为除盐水全部回用,在实现废水零排放的同时,完成了全厂水系统100%资源化利用。

二、智慧赋能,锻造绿色生产硬实力

智能化时代,钢铁是怎样炼成的?走进中天钢铁三炼钢厂,可以找到答案。

中天钢铁三炼钢厂占地面积10万平方米,年产优特钢520万吨,是全国首批、江苏首个"5G+数字钢厂"。厂区内设有81个5G基站、2 000个工业设备联网监控点,通过多样化解决方案,全面满足复杂作业环境下的数字化需求。依托

5G+工业互联网，厂区实现了人员、生产、设备、物流、能源、环保、安全等核心要素的实时监控、实时管理。

在这里，随处可见的5G技术让生产变得更加安全和高效。借助VR眼镜，可"行走"在按1∶1比例打造的3D全景实时生产现场，所有生产数据一目了然。炉前全自动快分系统取代20人实验室，一炉钢水的检验时长从5分钟缩短到1分50秒；在废钢跨5G行车远程操控系统支持下，每炉钢检验时长平均缩短30秒，且进一步降低了能耗。

一系列"智改数转"举措让炼钢更智慧、更绿色。中天钢铁自主研发并先后上线信息化项目超40项，连铸坯智能喷码机器人、中天云商服务平台、智慧检化验管理系统等先后投用，加快打造生产现场智能化、生产管理一体化、经营管控标准化的智慧型绿色钢厂。

三、人才强企，筑牢最美绿色钢城根基

中天钢铁将人才视为企业发展的第一资源，一直注重人才培养，打造人才强企生态链，让人才与企业共成长、同进步。

自2008年中天钢铁发起"人才强企发展规划"以来，已经连续15年从全国一流高等院校、冶金类专业院校招聘大批签约大学生充实人才队伍。2019年起，中天钢铁启动"百人计划"，挖掘高潜质人才，打造高级管理者和技术领军型人才队伍，并逐步衍生出知识分享大讲堂、中天公司"雁阵沙龙"、中天特钢"青苗计划"等活动。2021年，中天钢铁投

入3亿元启动了硕博人才引智计划,硕士年薪25万至50万元,博士年薪50万至120万元,并提供一套约100平方米的产权住房。

2022年7月,中天钢铁集团又迎来了321名2022届高校毕业生。为留住人才,中天钢铁投资650万元建成现代化的职工子弟托管中心,已于2022年暑期正式启用;连年举办"金秋助学"活动,提供流动人口子女积分入学政策咨询与帮扶;设立爱心基金扶贫帮困超1 500个职工家庭,每年投入近百万元为职工子弟缴纳健康险、意外险……作为常州市首批省级幸福企业,中天钢铁始终将关爱好职工子弟作为高质量发展的"必修课",营造中天特色"家"文化,形成了近者悦、远者来的良性机制。

四、外塑形象,打造"景区式"绿色工厂

"世界一流现代化钢铁联合企业,应该是绿色的!"翻开中天钢铁的"十四五"规划,所有中天人的追求跃然纸上:最大投入、最严标准,打造成产业赋能与城市共生共荣的和谐示范性钢铁企业。

目前,中天钢铁常州本部的绿化总面积达40万平方米,各类树木超5万株,大小灌木30余种,绿化率达到可绿化面积的100%。

中天钢铁还将投入20亿元对南厂区实施一系列环保、数字化、产品提档升级改造。不久的将来,南厂区将多一个

身份：中国首个以钢铁低碳创新文化为主题的沉浸式工业旅游景区。

中天钢铁绿色精品钢（通州湾海门港片区）示范工程项目

一串跃动的数字，"炼"就了中天钢铁新时代的"诗和远方"：2021年，主要环保指标吨钢排污强度稳步降低，全年污染物排放强度继续降低，污染治理设施与主体设备同步运行率100%，污染物经处理后排放达标率100%，环境隐患整改率100%，危废委托资质单位处置率100%，辐射零事故。2022年，中天钢铁完成超低排放有组织、无组织评估公示及创应急减排A级绩效企业等目标，进一步推进清洁生产。

五、创造奇迹，578 天拼出千亿级绿色钢铁产业园

黄海之滨，万亩滩涂之上，中天钢铁打造的千亿级沿海高端绿色钢铁产业园巍然屹立，与天际的蓝天白云交相辉映。这里曾是寸草不生、人迹罕至的盐碱荒滩，因为年轻"中天蓝"的到来，而变得生机勃勃！

事非经过不知难。中天人啃下了一个又一个"硬骨头"：经历 3 个多月挂图作战、90 多轮修改，敲定了"五化五一流"建设蓝图；为承担起钢城千钧重量，桩基深度最高达到 54 米，是常规深度的 5 倍；飓风来临，被撕碎的彩钢瓦像雪片一样飞舞，施工人员得陷进未干的混凝土里，紧抓钢筋才避免被吹走；各项目组立下军令状，确保严格按工期推进……

2022 年 1 月 3 日第一炉焦、3 月 30 日第一炉铁、4 月 2 日第一炉钢、4 月 4 日第一根材，中天绿色精品钢项目仅用 578 天，完成了业界施工进度 13 年才能完成的工程，创造出冶金史上的"中天奇迹"！

该项目规划建设全球单体最大的优特钢棒线材精品基地，年产能 1 000 万吨，一期投资 500 亿，设计为 4A 级景区工厂，全员劳动生产率可达每人每年 2 000 吨以上，全厂不设置一个排放口，为全球唯一；全部内循环处理，实现固废不出厂、废水零排放，为国内首家。同时建设行业领先的钢铁智慧中心，操作区域远离生产现场超 5 千米，打造真正意义上的世界一流的高端绿色智慧工厂。

中天钢铁南通公司智慧管控中心

执笔人：张羽

中天钢铁的发展势头可谓"如日中天"！过去，中天钢铁坚持自主创新，发展循环经济，建设绿色工厂，构建起与社会和谐共生的可持续发展环境；现在，中天钢铁推进"一总部、多基地"建设，笃行绿色低碳发展，既是钢铁产品的制造者，又是清洁能源的转换者，彰显了企业的技术能力、规模实力和责任担当。未来，中天将打造高智能化、超现代化、超低排放的绿色钢厂典范，实现新一代钢铁人的梦想——为实现钢铁强国贡献永恒的绿色力量！

万帮数字能源：
"桩"连世界　向"网"未来

万帮数字能源股份有限公司（以下简称"万帮数字能源"）成立于2014年。十年来，企业深耕新能源赛道，专注于新能源汽车充电设备研发制造，为全球客户提供设备、平台、用户和数据运营服务，打造用户充电全生命周期平台，聚焦"交通数字化，能源网格化"，成为全球充电桩建设运营领域的翘楚。

十年间，万帮数字能源先从充电桩的制造商，转型为充电网络运营商；再从推动人类"交通电动化"的移动能源网络服务商，跃升为实现"能源数字化"的绿色能源整体方案提供商。其间，历经了理念、模式、技术的多重迭代与创新，从万帮星星充电科技有限公司（以下简称"星星充电"）蝶变成万帮星星能源有限公司（以下简称"星星能源"），实现双轮驱动，成就了万帮数字能源跨越式的华丽转型。

一、由充电桩设备商向充电网络运营商的第一次跨越

新能源汽车产业扩张之初，特别是2015年以前，全国充电桩产业遇到巨大阻滞。一边是新能源汽车产品的不断上市和推广，另一边是充电桩建设投资大、回报慢、标准不统一等难题。建桩难、充电慢、模式缺成为发展新能源汽车推广最大的瓶颈。但这些困难并没有难倒万帮数字能源的创业

者，他们凭借主创团队多年汽车市场领域的经验和优势，在充电桩制造领域迅速出圈，成为梅赛德斯－奔驰、保时捷、捷豹路虎、大众，以及蔚来、理想、小鹏等造车新势力在内的全球60多家知名车企充电桩提供商。

随着新能源充电桩产业的快速扩张，万帮数字能源旗下品牌星星充电应运而生！该品牌成立之初，虽面临着没经验可循、专业人才不足、市场运营模式不明朗等不利因素，但始终坚定充电终端必须组网的信念，以开放的心态，开拓创新模式。通过"众筹建桩"模式，在三个月之内就建设了1400个充电终端，让业内惊叹；跟国家电网有限公司、中国南方电网有限责任公司、特来电新能源股份有限公司成立的合资公司，解决了行业平台互联互通问题；开创了大众、央企与民企合资的先例，与大众汽车公司、中国第一汽车集团有限公司、安徽江淮汽车集团股份有限公司成立了合资公司，提供定制化充电产品和一站式解决方案。通过众筹共建、行业互通、人人电站等模式创新，在不同城市地区、不同充电场景、不同营运主体的情境下，迅速建立充电网络并逐渐向全国辐射，最终成为国内新能源汽车充电设施建设运营龙头企业。实现了助力国家新能源"弯道超车"和万帮数字能源"桩连世界，凝聚人心"的使命和夙愿。

星星充电是较早布局工业互联网的代表性企业，从建立之初就率先打破传统单片机的模式，而采用工业互联网的智能终端模式。以充电终端为载体的充电网络，是能源与交通取得联系的能源入口、交易入口、交互入口、行为入口和信息入口，推动整个产业的数字化大变革。

二、依托信息技术，实现向移动能源网服务商的第二次跨越

星星充电能源智能运维监控平台

伴随着充电基础设施迈向移动能源互联网新阶段的来临，星星充电敏锐地察觉并牢牢把握行业发展的方向机遇，提出了"移动能源网"概念：借助于移动的交通工具、移动的能源载体、移动的补能设施和移动的通信终端构建时空泛在能源互联网络；创新"云管端"即硬件+软件+服务的商业模式；星星充电云平台链接用户云、商家云、能源云、生态云，开放、共享，连接不同的场景，赋能各类用户，提供包含安装运维、

充电与储能运营、能源管理等服务。星星充电推出的全新经营品牌——平台最大运营商"美丽充",涵盖投资建设与一站式专业工程服务、充电场站运营、储能设备运营、能源交易管理等多个领域,可为品牌车企、充电运营商、能源公司、公务通勤、电动车主与车队、特种车辆、地产等客户提供包括"光储充放"一体化在内的全场景解决方案,堪称数字能源生态中国样本!

三、聚焦能源数字化,实现向绿色能源提供商的第三次跨越

为实现向绿色能源解决方案提供商的跨越,万帮数字能源又创立了星星能源,与星星充电形成双驱动引擎。

星星能源依托星星充电全国充电场站的运营以及"光储充放"一体化充电站的建设,截至2022年年底,在全国的分布式资源装机量已达到10 309兆瓦,可调节负荷能力3 092兆瓦,位居全国前列。已经形成了包括参与调节电网功率、电力辅助服务市场、"源荷网储"互动、代理购售电等在内的一条完整的"虚拟电厂"发展路线,能够实现一二级调频,并将对电网的响应速度提升至了毫秒级。截至2022年年底,星星能源已在广东、江苏、浙江、山东、河北、上海、湖南、四川等14个省份参与了电网调节互动,其云控能力与电力交易能力,在行业内首屈一指。

星星能源主导打造技术领先全球的光储充放一体化充电

站（智能微电网）：将光伏阵列安装在车棚顶部，由光伏车棚发电系统、新能源汽车充电站、智能能源管理系统、储能电池系统等组成，能精准调节电网、光伏、储能三种供电模式，真正实现了新能源的清洁绿色供电。

江苏省常州市行政中心光储充放一体化充电站

2022年，星星能源正式签约成为深圳虚拟电厂首批聚合商企业。截至2022年年底，已接入10万千瓦级可调负荷。未来，将逐步接入深圳地区其余自营与联营充电场站，达到132万千瓦级可调负荷，成为深圳虚拟电厂接入的充电企业中，可调负荷规模最大的聚合商。

一路走来，面对重重困难和未来市场的不确定性，万帮数字能源坚定地抓住新能源风口，选定双碳赛道，聚焦"交通减排、能源减排"，实现市场突破、技术突破、产品突破、模式突破,披荆斩棘地闯出了一条新路!鲜花与掌声也随之而来,先后获科技部"新能源汽车"2018年度重点专项三个国家级项目立项、国家能源局"能源互联网重大应用示范"项目、工信部"智能制造2025新模式应用"项目。作为充电领域的国标制定单位,星星充电参与了国内所有充电标准的起草,并作为中方代表参与IEC国际标准的起草,同时也是国家标准委员会指定的国内两家大功率充电牵头单位之一。2020年,获评第五批工信部制造业单项冠军产品!2021年,完成了两轮融资,成为亚洲数字能源领域头部独角兽!2022年,公司的基于移动能源网的智能充电装备研发及产业化项目荣获中国工业大奖表彰奖!

执笔人:仲雅芬

编者点评

  万帮数字能源在给外界充电的同时,也不断给自身充电,不断实现能级提升。通过创新应用工业互联网,向上托起两朵云,一朵叫作智慧能源,一朵叫作智能交通。在提高能源利用效率,助力民族汽车工业屹立于世界之林,推动国家新能源产业健康发展方面做出了积极的贡献!为实现"人类交通电动化,全球能源数字化"的长远梦想做出了极其有益的探索!

雷利电机：
深耕微电机主业　　多元化转型提升

30年前，江苏常州的一家小作坊在改革开放的大潮中，开启了它的微电机制造创业之路；30年的筚路蓝缕、转型跃升，江苏雷利电机股份有限公司（以下简称"雷利电机"）逐步发展成为一家管理信息化、研发项目化、生产智能化、营销全球化的具有较强综合竞争力的微电机系统方案提供商。

一、从"0"到"NO.1"，成为步进电机行业冠军

1993年雷利品牌初创，开始生产减速永磁式步进电动机（BYJ步进电机）。BYJ步进电机最初主要应用于空调进风口导风板的开闭及出风口扫风叶片的摆动。创业伊始，雷利电机决策层就将规模化和国际化作为公司的发展方向，对标全球头部企业，深耕产品研发制造和市场开拓。经过20多年的耕耘，已经实现与全球主要空调品牌的深度合作战略目标，成功取代了日本等地企业在该市场的垄断和领导地位。2021年，雷利BYJ步进电机全球销量超过1.88亿台，全国市场占有率达38.1%，全球市场占有率34.7%，国际、国内均位列第一。2022年1月，雷利"BYJ步进电机"荣获工信部制造业单项冠军产品称号。

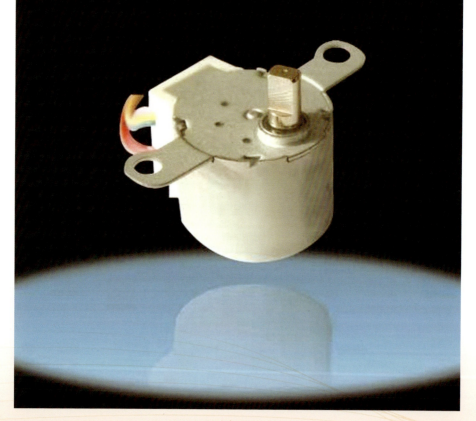

BYJ系列步进减速电机
BYJ Series Speed-down Stepping Motor

二、从"1"到"多",微电机产业应用多元化

以点到面,依托空调市场应用优势,雷利电机的 BYJ 步进电机,在冰箱、直流风扇、智能马桶、安防监控、汽车等领域的运用逐渐增多。在 2010 年到 2020 年这十年里,雷利电机的 BYJ 步进电机在日、韩等国的智能马桶市场逐步渗透,加上中国智能马桶市场的快速发展,雷利在该行业的全球份额更是超过了 50%,东陶(中国)有限公司、科勒公司、箭牌家居集团股份有限公司、恒洁卫浴集团有限公司、九牧集团有限公司等知名卫浴企业均成为雷利电机的合作伙伴。自 2017 年正式 IPO 以来,雷利电机的发展进入了快车道。围绕微电机行业的广度和深度,展开了产品平台化、多领域布局。在医疗健康及工控领域,雷利电机于 2019 年成功并购了高端医疗仪器用丝杆电机公司,不断创新研发高精度丝杆、螺母等加工制造技术,形成了批量生产高精度丝杆电机组件的能力。同时,量产的呼吸机用电机,已经实现了进口替代。2020 年雷利电机又开启了 BYJ 步进电机在新能源汽车市场的发展征途。截至 2022 年年底,雷利电机已经成为国内新能源汽车抬头显示系统(HUD)BYJ 步进电机的国内主要供应商。比亚迪、蔚来、长城、长安等汽车上均搭载着雷利电机的产品。雷利电机通过并购、投资等打造了雷利微电机业务的多元化发展版图。目前雷利电机全资和控股公司已经达到 20 多家。

三、从"多"到"优",增强自我造血功能

雷利电机高度重视研发创新,加大研发投入,近三年投入研发经费近 2 亿元,研发投入占营业收入的平均比重在 3.66% 以上,远远高于同行业水平;建立现代化实验室和仿真分析云设施,包括如:风洞试验、3D 打印、三坐标测绘、Ansys 仿真分析、光谱仪、PLM、CAD 等系统,为产品研发创新提供优良的基础环境;注重知识产权的战略布局,截至 2022 年 12 月底,拥有国内外有效专利 675 项(发明专利 53 项,实用新型专利 558 项,外观设计专利 64 项)。多项发明专利被评定为省、市级专利金奖及优秀奖,多项专利进行了许可和质押融资;主导制定了国家标准《减速永磁式步进电动机通用规范》(GB/T40131—2021),于 2021 年 5 月 21 日正式获批发布。雷利电机 2015 年至 2020 年陆续承担了多个研发创新平台建设,以"促研发,引人才"为目标积极开展产学研合作,分别与日本第一化成控股(开曼)股份有限公司(IKKA)、韩国 ERAETECH 有限公司、中国电子科技集团公司、西安航天科技集团、清华大学、东南大学、南京航空航天大学、哈尔滨工业大学等高校科研院所开展了产学研合作。截至 2022 年年底,共签订产学研合作项目近 20 项,有力保障了技术领先性和人才吸收。同时构建了清晰和长远的人才战略和标准,致力于不断完善人才梯队建设和培养体系,持续培养各类优秀人才。

四、从"优"到"智",实现大规模智能制造

长期以来,基于BYJ步进电机的传统结构,导致自动化生产始终存在一定的困难。雷利电机积极响应《中国制造2025》中的要求,着力提升智能制造水平。通过微电机数字化互联网工厂项目,搭建工业互联网平台,使用微架构服务、边缘计算、分布式存储等技术,实现产品生命周期管理(PLM)、企业资源计划(ERP)、制造执行系统(MES)、供应商关系管理(SRM)、仓库管理系统(WMS)、质量管理体系(QMS)、商业智能(BI)等主要业务系统与设备联通,企业同步开展工厂3D建模,优化数字化车间布局,对核心部件进行全流程数字化工艺设计和三维仿真模拟设计。使用VR、数字孪生等先进技术,结合数据采集系统(SCADA),

雷利电机的数字化工厂

实现生产设备的数字化管理,打造数字化工厂。截至2022年年底,共实现10类179台(套)关键智能生产设备的接入。通过智能化改造,雷利电机基于产品、工艺的创新,实现了BYJ步进电机产品的批量柔性化生产,保证了产品质量(≤5 ppm),生产效率提高了33.2%,能源利用率提高了24.8%,运营成本降低了58.1%,产品开发周期缩短了37.4%,产品不良率降低了37.8%,大大提高了雷利的核心竞争力。

执笔人:杨书玉

编者点评

> 雷利电机以"推动电机行业向领先和卓越迈进"为发展使命,持续深耕微电机市场,从"0"到"1",从"1"到"多",从"多"到"优",再从"优"到"智",招招先手,步步超越,从小作坊成长为制造业单项冠军,书写了打造中国国际化微电机品牌,实现企业发展卓越价值的华丽篇章!

第五章 破茧成蝶 涅槃再生
——制造业单项冠军之转型升级篇

亚玛顿：
全产业链创新　高价值链延伸

　　一束光透过玻璃会让你感受到什么？是稀松又平常，还是温暖而惬意？常州亚玛顿股份有限公司给出了不寻常的回答：光伏玻璃引领低碳和未来！十七年精耕细作，亚玛顿矢志不渝，在低碳绿色发展的道路上勇往直前，奏响了光伏玻璃与新能源的美妙协奏曲。

常州亚玛顿股份有限公司

一、产业链中游，锻造创新链看家本领

与常规玻璃不同，光伏玻璃对性能要求较高。除了要具有良好的光学性能，对波长在 1 200 纳米以上的红外光有较高反射率，还要具有良好的机械性能，能够抗击一定强度的冲击，对内部电池片及膜材料起到保护作用。亚玛顿从 2006 年创立之初，就瞄准光伏玻璃开展"减反射"和"薄片化"两大技术路线攻关，锻造企业核心竞争力。

"减反射"是光伏玻璃区别常规玻璃最重要的特性。常规玻璃的光学折射率为 1.52，玻璃表面与空气单一界面间会有 4% 左右的反射，而在玻璃上镀上光学和厚度相匹配的材料，能够降低玻璃反射，提高光伏玻璃的透光率。亚玛顿依托江苏省光电玻璃重点实验室，经过多次试验和反复论证，攻克物理气相沉积+溶胶-凝胶（PVD+Sol-gel）法制备双层减反射膜技术。双层减反膜能够显著降低整波段的反射率，提高透光率和透光范围，并且拥有更好的耐候性，在高压蒸煮试验（PCT）老化和极限老化后，外观不泛白，透光率仅下降 0.57%［单减反（AR）玻璃透光率下降达 3.28%］，解决了单层反射镀膜原材料难获取和三层反射镀膜长短波光反射严重的问题。

"薄片化"则是壁垒较高且难度大的一类技术。早在 2012 年，公司就敏锐嗅到市场风向，与李赛克公司开展国际科技合作，制定了"三步走"目标，并组建专家团队，致力于 2.0 毫米、1.6 毫米和 1.3 毫米超薄光伏玻璃制造工艺的研发，攻克了均匀加热、急速冷却、滚轴平整等一系列工艺难题，打破了传统物理钢化玻璃2.8毫米的厚度极限，在全国率先成功研发出超薄（厚度≤2毫米）物理钢化玻璃，解决了化学钢化玻璃钢化寿命短、光学效果不佳、成本高、生产过程中环境污染等问题。当前，亚玛顿2.0毫米物理全钢化玻璃产品的表面应力已达到110兆帕，弯曲强度>150兆帕，波形弯（glass warping）<0.17%、弓形弯<0.2%，相关指标行业领先。超薄玻璃物理钢化及超薄光伏组件制造技术和装备荣获江苏省科学技术一等奖，超薄光伏玻璃也被认定为工信部制造业单项冠军产品。

光伏玻璃表面应力测试实验

二、产业链上游，冲破原材料受限瓶颈

一直以来，亚玛顿在技术牌上打出了水平和高度，但在原材料供应上存在短板。为了解决困扰多年的原材料受限问题，牢牢掌握上游玻璃原片供应，公司开启了艰难的溯源之旅。

光伏玻璃行业属于高耗能行业，市场准入门槛较高，为治理光伏行业产能过剩的问题，一段时期以来，国家对光伏玻璃行业的准入和宏观调控都进一步收紧，各省也对新建项目的数量、规模及投产时间加以调控。工信部发布的《光伏制造行业规范条件（2015年本）》明确提出，要严格控制新上单纯扩大产能的光伏制造项目。对加强技术创新、降低生产成本等确有必要的新建和改扩建项目，要报行业主管部门及投资主管部门备案，而新建和改扩建光伏制造项目，最低资本金比例为20%。

察势者明，趋势者智。在政策收紧期，亚玛顿一直在展开玻璃原片技术的研究与沉淀，蓄势待发。一直到2020年，工信部再次放开光伏玻璃扩产政策后，亚玛顿抢抓短暂政策窗口期，跨过投资门槛、技术门槛、环保门槛等"拦路石"，拉开向产业链上游延伸的序幕，在安徽凤阳县投资建设玻璃原材料生产基地。截至2021年8月，子公司凤阳硅谷智能有限公司（简称"凤阳公司"）一期3座玻璃窑炉全部点火成功，玻璃窑炉从设计、建造到核心设备的选型等方面，均是为生产超薄玻璃而量身定制，达到国际先进水平。现如今，凤阳公司能够解决公司全年80%左右的原片玻璃需求。对于亚玛顿集团，凤阳窑炉的投产是一个具有里程碑意义的事件，标志着亚玛顿顺利将产业链布局延伸至上游。

三、产业链下游，开拓多元化市场

亚玛顿始终以审慎的态度开发蓝海市场，做市场缺少的东西。公司基于深厚的技术积累，积极拓展终端产品市场，完善一体化布局，在主动求变中增强企业市场话语权和抗风险能力。

公司先后与晶澳太阳能科技股份有限公司、天合光能等头部企业签署超 130 亿元的 1.6 毫米超薄光伏玻璃供应长单，持续巩固超薄光伏玻璃国内外市场地位，引领行业发展。截至 2022 年年底，亚玛顿已销售 3 亿平方米减反射镀膜光伏玻璃，为国内超过 50 吉瓦的光伏组件进行配套，超薄光伏玻璃连续四年全球市场占有率第一，成为全球最大的减反射镀膜玻璃和超薄物理钢化玻璃生产商。

在超薄玻璃业务上的成功，带动了轻质双玻组件市场的发展，公司顺势开辟双玻组件业务，推出翼龙系列无框双玻组件，打破了传统双玻组件前后 3.2 毫米的厚重形象和不易安装运输的困局，相关产品不仅抗风压和雪荷载能够达到 2 400 帕和 5 400 帕，单位面积重量也低于 10 千克／米^2，厚度小于 4 毫米。

2017 年，基于"超性能的终端产品都离不开高端玻璃做匹配"的预判，亚玛顿联合机械科学研究总院江苏分院、机械工业第一设计研究院共同承担了工信部"光电玻璃基板制造绿色关键工艺系统集成"项目，前瞻性地布局光电显示行业市场，建设改造光电基板生产车间，大力研发玻璃扩散板、玻璃导光板以及大尺寸全贴合工艺，一次实现所有显示部件的精确对位、中温贴合，解决了传统贴合工艺中触控屏（TP）模组等部件贴合次数多的难题，配合自主研发的光学低温固体胶，能够消除贴合工艺中产生的气泡，提升显示效果的优良度和提高光源利用率。终端产品的成功开发极大拓展了客户群体，实现了公司的多元化发展，现如今，亚玛顿是国内少数拥有各种中大型尺寸贴合产线，能够生产大尺寸光电玻璃的企业。

执笔人：张雨晗

编者点评

面对新能源赛道剧烈的市场竞争，亚玛顿围绕光伏玻璃核心产品，用匠心砥砺创新，审时度势，切准政策机遇与风口；借势而上，彰显高价值链的创新能力；乘势而起，运筹全产业链的战略布局。用十七年的时光演绎了"一片玻璃"的传奇故事，诠释了补链、固链、延链、强链的转型历程！

长海股份：
项目为王　推进产业链创新升级

成立于 2002 年的江苏长海复合材料股份有限公司深耕玻纤制品领域，经历 20 余年的创新发展，已从一个仅有 2 条玻璃纤维短切毡生产线、年产值不足千万的小型企业壮大为一家集科研、产品开发和生产、销售服务于一体的玻纤无纺制品及复合材料研发智造龙头企业。

一、大胆决策，上马"全国民营企业第一窑"

玻璃纤维单丝直径相当于一根头发的二十分之一至五分之一，作为普遍应用的功能及结构增强材料，其生产工艺极其复杂。虽然池窑拉丝生产具有工艺简化、能耗低、生产效率高、综合成本低等优点，但所需的硬件设备投入巨大，使很多企业望而却步。

2007 年，长海股份为突破上游材料供应的瓶颈，摆脱受制于人的尴尬局面，将产业链向前道延伸，决定迎难而上，率先上马国际先进的年产 3 万吨特种玻璃纤维池窑拉丝生产线项目。这套生产线需投资 3 亿元，这对当时产值只有几千万的长海来说是一笔天文数字，许多同行看不准、不敢投，长海股份抱着做大做强的决心，大胆创新投入，义无反顾，砸锅卖铁也要上。该项目于 2007 年 7 月开工建设，2008 年 3 月正式投产，创造了民营企业建造万吨级池窑全国第一、池

窑建设速度全国第一的 2 项纪录，并获得全国建材协会项目工程设计一等奖，填补了江苏省内无池窑的空白，被行业内誉为"全国民营企业第一窑"。

长海股份的这份远见卓识不仅使原料紧张的问题迎刃而解，而且大大节约了能源，拓展了企业发展的新空间，提高了抵御风险的能力。在 2008 年爆发的全球金融危机中，整个玻纤行业遭遇亏损，长海凭借全产业链优势，反而实现了净利润 800 多万元，在严酷的市场环境中蓬勃出旺盛的生命力。

2008 年 8 月，公司投资 3 000 万元新建宽幅高速玻璃纤维湿法薄毡生产线，设计速度达到 150 米/分，幅宽达到 3 300 毫米，是当时国内最大生产线的 1.6 倍，速度为其 2 倍，无论从产能还是生产技术上都比国内现有设备大幅度提升，单条线产能达到 1.2 亿平方米。2009 年，该生产线顺利竣工并正常生产，长海股份由此成为中国最大的玻璃纤维湿法薄毡制造商。

二、重金投入，发力"智改数转"新赛道

2012 年，公司总投资 6.5 亿元建设年产 7 万吨电子级（E-CH）玻璃纤维池窑拉丝生产线项目，全程采用分布式控制系统（DCS）对窑压、窑温、液面等工艺参数进行精密自动控制。智能化立体仓库投资 3 000 多万元，库长 45 米、宽 20 米、高 24 米，最大库容量可达 1 000 吨，节约用地 8 500 平方米，智能化控制机器人堆放，节省人力成本的同时，将

多种型号的产品分类放置,在产品发送过程中通过智能系统识别,确保了发货的100%准确性。络纱车间通过机械臂搬运,避免了产品运输过程中可能产生的型号上的混淆。生产过程的智能化控制真正实现了高效、有序、无误,具有传统人工所无法比拟的巨大优势。

偌大的车间内,整齐的一排排原丝筒经过高温烘干后进入络纱环节,一旁的自动化设备完成覆膜、贴标,一卷卷细如发、亮如银的玻璃纤维成品被搬运、包装。十几台自动引导叉车(AGV)有序运行,自动寻路、自动避障、自动装卸,实现了货品在无人环境下的自由运输。从起点的原料粉碎,到终点的成品出库,没有人头攒动,取而代之的是自动化的生产线和穿梭的物流机器人。智能车间恒温恒湿,操作人员只需坐在控制室里,就能完成大部分工作,大幅减轻工作强度的同时,也实现了更加精准高效,这正是长海股份绿色制造与数智制造的生动写照。

江苏长海复合材料股份有限公司智能车间

与此同时，在全体科研人员刻苦攻关努力之下，长海股份改进生产工艺技术，成功研制出国际领先的新型玻纤制品——玻璃纤维涂层毡，并获得发明专利，产品主要用于新型石膏板贴面，具有防潮、耐火、强度高等优良性能。该产品填补了国内空白，2010年荣获"江苏省优秀新产品金奖"。

面对玻纤制品行业内中小企业研发创新能力不足、产品同质化严重、低端产品普遍的竞争特点，长海股份选择以技术为基，长期坚持高研发投入换取核心产品技术领先，先后投入近20亿元用于项目建设和设备技改、生产装备持续升级，大大提高了生产效率。在大批传统制造业企业纷纷发力"智改数转"新赛道的浪潮中，长海股份也迎势而上，不断加强技术创新，走在"机器换人"的先行路上。

三、兼并收购，推进产业链纵深布局

除拥有以玻纤纱、玻纤制品及玻纤复合材料为主的纵向产业链外，长海股份还通过子公司常州天马集团有限公司横向拓展不饱和聚酯树脂的研发和生产，内生增长加外延并购合力，形成了国内为数不多的"玻纤纱—玻纤制品—树脂—复合材料"一体化产业链布局。产业链的完整实现了原材料的自给自足，使得公司能够按照上游产品性能，提高玻纤产品质量，降低生产成本与产品开发周期，提高了企业的综合竞争力。

第五章　破茧成蝶　涅槃再生
—— 制造业单项冠军之转型升级篇

2022年，长海股份玻璃纤维及制品年产能已达30万吨，化工制品年产能17.5万吨，产能总量位居全国前列。主要产品包括玻璃纤维短切毡、湿法薄毡、蓄电池复合隔板、玻璃纤维涂层毡等多个特种毡系列；品种齐全、质量过硬，可用于建筑建材、电子电器、轨道交通、石油化工、汽车制造等传统工业领域及航天航空、风力发电、过滤除尘、环境工程、海洋工程等新兴领域；销往全国30多个省市并远销北美、南美、欧洲、中东、东南亚、大洋洲、非洲等地的30多个国家或地区，赢得客户广泛认可；建立起围绕自身"常海"品牌的高黏性客户群，主打产品获得工信部制造业单项冠军产品称号，市场占有率在国内细分市场排名第一，成为国内唯一获得欧盟认可的具有市场经济地位的玻纤生产企业。

四、面向未来，打造国内首家智能制造基地

2021年，长海高性能玻纤复合材料项目被纳入省重点项目。2022年，新建的10万吨高性能玻纤池窑生产线点火投产，公司产能进一步扩大。具有自主知识产权的60万吨高性能复合材料智能制造基地同步推进，规划建设四条年产15万吨玻纤池窑拉丝生产线，纯氧燃烧＋大功率电助熔技术，配套AGV自动化物流、机器人包装技术，将节省约50%以上的人力成本。项目预计2024年年底建成，目标打造中国首个高性能纤维复合材料智能制造基地，达产后可新增高强度

高模量玻纤复合材料和低介电玻纤织物60万吨的生产能力。其中低介电织物有望打破国外垄断，应用于5G高频印刷电路板（PCB）；高强度高模量纤维应用于超大功率海上风电产业，助力国家风电产业绿色发展。

长海高性能玻纤复合材料智能制造基地项目开工仪式

执笔人：包天然

编者点评

玻纤行业竞争激烈，同质化严重、周期性强，如何才能突出重围？长海股份的答案是：以项目求生存，以项目谋发展，以项目促创新！宏伟的目标来自伟大的决心，巨额的投资带来巨大的回报。站在新一轮的扩张起点，长海股份必将以勃发的竞争优势拓展巨大的发展空间，成为行业差异化发展的一匹黑马！

快克智能：
气拔霄"焊" 精进不息

精密焊接像一座桥，是实现电气可靠连接、信号有效传输的保障性关键工艺，是电子装联过程中至关重要的一个工艺环节，也是各电子制造细分行业高精密、高可靠焊接普遍存在的工艺痛点。快克智能装备股份有限公司就是建造这座桥的工匠，在研究焊接技术解决工艺痛点的道路上顺势而为，孜孜以求；持续创新，识时达变。公司先后获得国家级专精特新"小巨人"、工信部制造业单项冠军产品等一系列荣誉称号。

快克智能风貌

一、从"有铅焊接"向"无铅焊接"制程的转型

伴随着电子产品行业无铅化的全球推广,电子装联使用锡合金焊料需改为无铅焊料,而无铅焊料的熔点温度高出传统铅锡焊料几十摄氏度,为确保电子部件不损坏,工艺窗口大幅缩小,对焊接设备的控温精度和快速回温补偿的要求大幅提高。

面对这一难题,快克智能从发热原理、电路设计及控温回温算法、焊咀设计等多角度研发适用于无铅焊料的新型焊接工具。2003年,快克智能正式推出电磁智能无铅焊台,新设计的核心部件采用涡流加热技术,确保锡焊动态过程中烙铁头温度精准稳定,从而大幅提高了电子产品无铅焊接品质的稳定性。快克智能凭借这一创新优势快速确立了快克品牌在行业中的领先地位。自此,公司持续在无铅焊领域深度开发,实现焊接工艺的积累和沉淀。

二、从"人工焊接"向"自动化焊接"设备的飞跃

随着劳动力成本上升、电子信息产业规模扩大和信息化程度不断加深,设备自动化需求日益显现。快克智能得益于前瞻性自动化技术开发的研发战略,早在2005年就展开了焊接机器人的研发和实验。通过多轴运动板卡的自主研发,工艺专家库的形成,以及工艺包结合专用算法内置板卡,从而形成差异化优势。

快克智能推出的桌面型锡焊机器人系列,迅速得到数家

主流电子产品供应商的认可,随后深度开发全自动化电子装联精密焊接设备,包括烙铁焊接、热风焊接、高频焊接、微点焊接、热压焊接、激光焊接、超声波焊接等全品类焊接大家族,服务于3C智能穿戴、新能源、汽车电子、智能物联、航天科工等领域。

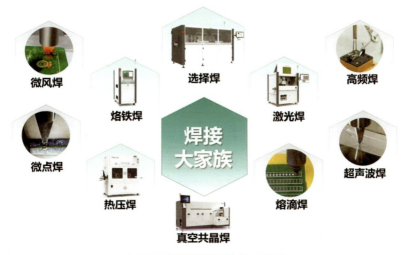

快克智能精密焊接设备大家族

快克智能的热压焊自动化设备,首创压力动态闭环电驱控制,自主开发多路温度/压力动态闭环控制技术、两段式压力控制技术及悬浮式压力检测技术。产品各项核心指标实现国际领先,并在代表全球最高焊接工艺的苹果智能手机、智能穿戴等高端应用场景中全面实现国产替代。

快克智能成功开发的锡丝定量卷绕"成环即套环"的一体激光锡环焊自动化装置(1—5圈/次,首创柔性可编程,现绕现套)把复杂工艺简单化,大幅提升了设备的稳定性和生产稼动率，节省 50% 以上的锡环成本，成为客户的心头好。

三、制造与服务融合，提升工艺解决方案能力

随着国内自动化产业的深度发展，以及快克产品的更多渗透，快克智能推出包含精密锡焊、精密点胶、螺丝锁付、视觉检测等焊接自动化成套设备，通过软硬件的标准化、模块化、系列化，通过新应用场景下工艺路径的有效实现和突破，公司成功实现了产品制造与应用服务融合，成为一站式综合解决方案提供商。

明于心，锐于眼，焊点自动光学检测（AOI）作为工业鹰眼对焊接品质至关重要。快克智能采用自主开发的光学成像系统以及人工智能机器学习算法和图像快速拼接、深融技术，结合多种视觉检测算法，运用多个高清显微相机，多角度拍摄，获取高清晰立体图像。可检测高密度焊点、复杂焊孔的空焊、冷焊、少锡、内溢、异物等比较难检测的缺陷，良率达到 99.5% 以上。同时，将标准机的稳定、灵活、易用与定制机的专、精、尖相结合，支持多种 AOI 检测专机的快速开发，可应用于智能穿戴的焊点检查、迈拉（Mylar）检测、外观全检、半导体封装的固晶检测、引线键合检测等场景。2021 年快克智能推出的 EPOCH 系列 AOI 设备分别荣获美国表面贴装技术协会（SMTA）评选的"2021 年华南最佳创新展品大奖"和广东省电子学会表面组装技术（SMT）专委会评选的"2021 SMT 创新成果奖"。

同时，快克智能自主开发的质量制造执行系统（QMES）将人员、设备、物料、工艺高度互联，实现机器与机器、机器与系统之间的互联互通，提供专业的工艺数据分析包，并将分析结果可视化呈现，为生产优化提供数据支撑，让数据迸发生产力。

四、绿色化、智能化升级，破解"卡脖子"工艺

快克智能从未停止前进的步伐，作为精密电子组装和半导体封装领域一站式智能装备解决方案的提供商，顺应时代浪潮，在国家政策导向下，持续创新，为客户提供专业的解决方案，推动工业绿色化、智能化升级。

新能源车、风电及光伏发展驶入快车道，IGBT等功率器件需求高增，公司已于2021年成功开发选择性波峰焊系列设备。该设备集成了历时5年自主开发的电磁泵技术、自动波峰校准技术、独特的氮气保护装置，以及Z轴双缸异步和高产能多喷咀群焊技术，可选助焊剂喷涂、预热和焊接的三站一体化和分体模块化的不同解决方案，同时可根据客户不同产能需求柔性化组合，达成高产能和高可靠性的焊接工艺需求，被中国电子信息产业发展研究院（赛迪研究院）认定为新能源汽车的核心装备。

随着微电子科技变革及国家战略引领，半导体装备行业正处在历史性的发展机遇期。精密焊接和半导体封装固晶键合工艺技术具有相通性，电子装联SMT制程和半导体封装

制程相融发展，基于两者的"技术同源，客户协同"，快克智能近年把焊接工艺和自动化装备能力拓展至半导体封装领域，开发固晶键合封装设备，提供功率器件/模组封装成套解决方案，针对第三代半导体碳化硅芯片"卡脖子"封装工艺的纳米银烧结设备成功开发。未来快克智能将继续加大在半导体封装领域的投入，持续拓展先进封装工艺设备、更先进制程范围的芯片封装设备，促进国内半导体装备行业的"补链、强链、齐链"，拓展长期成长空间。

执笔人：吴有安　蒋素蕾

编者点评

精进是一种境界，更是一种精神、一种责任和担当！快克智能从事电子装联锡焊及半导体键合封装工艺技术研究30年，每年投入的研发经费均高于年度销售额6%以上，公司技术人员占比高达60%。科技团队的创新能力和氛围、精益求精的工匠精神让快克智能紧贴电子工业的发展脉络，不断革新突破、蝶变成长。正如公司创始人所说："精于工，匠于心，品于行，创于新，持续的研发创新是快克智能不断赢得话语权的底气。"

华威模具：
转型蝶变 —— 永远的先行者

一个国家的制造基础，归根到底，离不开材料与模具。材料决定产品的性能和寿命，模具决定产品的外观与使用感觉。在模具行业中，常州华威模具有限公司（以下简称"华威模具"）是当之无愧的先行者。多年来其主要产品——大型复杂精密汽车注塑模具市场占有率一直保持国内国外第一，在奔驰、宝马、奥迪、沃尔沃等高端汽车品牌的大型精密注塑模具市场占有率为80%，在大众、通用、福特等汽车品牌的大型精密注塑模具市场占有率为90%，同时出口欧洲和北美占有相当的份额，其综合能力名列前茅。2022年全年完成产值13亿元，利润同比增长8%。2022年，华威模具荣获工信部制造业单项冠军示范企业荣誉称号。

一、华丽转型，国产汽车保险杠的突破

华威模具转型契机出现在2006年4月，一汽大众汽车有限公司向华威模具抛出橄榄枝，希望他们做汽车保险杠模具的拓荒者。为什么会这么突然？其中原因很无奈，一汽大众旗下宝来车型的保险杠模具出了问题，从德国空运新的模具成本极其高昂，还会耽误宝贵的生产时间。彼时，国内还没有一家能够制作汽车保险杠模具的企业。

事必有所激有所逼，才能有所成！华威模具为了攻克保

险杠模具的技术难关，公司管理层可谓"衣带渐宽终不悔，为伊消得人憔悴"，每周七天，每天早八点到晚十点，几乎就"长"在了厂里。经过艰苦努力，终于攻克安全性和装饰性两大难题，在保证极高光洁度和平整度的同时，实现了无边缝和转角圆润。不仅如此，为保证保险杠强度，华威对内部结构进行加强，为加快冷却，配备冷却水通道，完美复刻甚至超越了德国制造的保险杠模具。2009年模具试制出来后，得到了一汽大众有关部门的一致好评。借此机会，企业在汽车模具领域高速发展。产品市场占有率不断提高，成为制造汽车保险杠模具的龙头企业。

华威车间正准备试模的汽车保险杠模具

二、能级跃升，"工匠精神"成就全球第一

多年来，华威模具的大型复杂精密汽车注塑模具市场占有率一直保持全球第一，根本原因就在于其崇尚的工匠精神创造出来的领先世界的模具技术。

华威模具车间入口处的"工匠精神"

模具行业最大困难是试模失败。企业最痛苦、最不愿看到的就是试模不成功。一直以来，华威模具试模成功率基本达到100%。2003年起，华威团队致力于气辅注塑、CAE（计算机辅助工程）模拟分析技术、快速原型制造及CAD（计算机辅助设计）/CAM（计算机辅助制造）/CAE等模具数字化设计与制造技术的应用研究，组织实施设计软件的二次开发，并成功应用于汽车大型复杂精密注

塑模具的研制开发上。利用 CAE 技术模拟注塑成型过程，可以预测可能出现的缺陷。提高注塑模具设计可靠性，大大减少试模次数，缩短模具开发周期，实现模具开发成功率达到 100%。不仅如此，华威模具在关键技术攻关上抢占了全球领先的优势。在注塑件翘曲变形研究上，对注塑件内部注入高压气体（氮气），由气体注入保压代替熔体注射保压，降低注射压力和锁模力，用小型号注射机成型较大的塑件，单件能耗降低 10%，有效消除塑件的表面缩痕，将注塑件单位米的翘曲变形控制在 0.8 毫米以内，该技术为全球首创，弥补了汽车零部件生产领域生产周期长、脱模易导致塑件误差变形的短板。

三、蝶变再起，发起向"一体化铸造"的冲击

时间来到 2021 年，特斯拉将一体化压铸概念引入国内。一台重达 410 吨巨型机器"轰隆"一声，原来由 70 多个零件冲压、焊接而成的 Model Y 后车架，在不到 2 分钟内被一体压铸成型，一步到位。同时，特斯拉 Model Y 采用一体式压铸后，下车体总成重量降低了 30%。一体化压铸可以集成原来 370 多个零部件，从而实现整车减重 10%，续航提升 14%，同时降低生产成本、大幅加快生产节奏，实现汽车减重增速。

一向嗅觉灵敏的华威模具意识到：一体化压铸技术有可能成为继福特流水线和丰田生产方式之后，汽车行业的第三次制造革命。于是，华威模具靠前发力，投资约 10 亿元，建设

总建筑面积近 5 万平方米的厂房，准备新上新能源汽车轻量化一体式项目。专注于一体铸造技术，将 70 多个零部件组成的结构件变为整体压铸件，助力大幅降低汽车制造成本、缩短整车开发周期。

虽然前景一片光明，但前进道路上充满荆棘坎坷。要想实现一体化压铸，在模具设计阶段，就得做好惰性气体保护、真空去孔技术等，之后还有冷却、热处理等一系列的步骤，稍有差池，温度、密度、液流速度没控制好，都会对压铸件的精度造成影响。这对其他模具厂似乎是一道不可逾越的天堑，但华威模具不畏艰难险阻，大胆立项，持续攻关。预计 2024 年 7 月，年产 200 套大型精密注塑模具和 60 套汽车乘用车大型压铸模具将面世，迎来华威模具的第三次蝶变！

执笔人：钱路文

编者点评

梳理华威模具的发展历史，就会发现这家企业的与众不同——做永远的先行者！当同行们在家电行业高歌猛进时，华威模具已经开始在汽车行业狂飙，促进了轿车保险杠模具国产化替代；当大家转身进入汽车行业时，华威模具已经成为大型复杂精密汽车注塑模具国际国内市场占有率第一的企业。凭借在汽车模具领域多年积累的经验和技术，华威模具正在向新能源汽车轻量化一体式铸造模具发起冲击……"草枯鹰眼疾，雪尽马蹄轻"，华威模具正在新能源赛道上一路狂飙前行！

第六章

九天揽月　　五洋捉鳖
——制造业单项冠军之全球战略篇

海纳百川，有容乃大！全球化不仅是现代企业必须秉持的发展战略，也是制造业单项冠军企业发展壮大的必由之路！只有走向全球才有"曾经沧海难为水，除却巫山不是云"的深层感悟；只有走向全球才有"千淘万漉虽辛苦，吹尽狂沙始到金"的战略成功！常州制造业单项冠军企业在全球化浪潮中各领风骚，展现了"自信人生二百年，会当水击三千里"的胆略和豪情、谱写了"此曲只应天上有，人间能得几回闻"的华丽乐章！

天合光能:
与光同行——用太阳能造福全人类

"广寒香一点,吹得满山开。"二十多年来,跌宕起伏的光伏产业是中国战略性新兴产业中第一个拥有世界竞争力的行业,称得上中国制造最靓丽的名片之一。天合光能股份有限公司伴随光伏产业的发展历程,一路走向世界……

场景一: 在天合光能总部,有一张拍摄于20年前的照片,虽然照片已有些斑驳,但连接起的是天合光能与青藏高原的不解之缘。

2003年昌都牧民在建成的光伏电站前留影

第六章 九天揽月，五洋捉鳖
——制造业单项冠军之全球战略篇

2002年，国家启动"光明工程"，这是我国第一次成规模采用光伏电站解决偏远地区无电人口用电难题的尝试，也是对当时尚处发轫阶段的中国光伏行业的一次检验。天合光能一举中标了39个电站，项目总额约8 000万元，这是天合光能光伏事业的起点。

经过层层选拔，18位天合光能工程技术人员开拔进西藏昌都。这里是青藏高原交通条件最特殊、最恶劣的地区之一。"入藏十八勇士"不仅要克服高原反应和恶劣天气，还得把建设电站的所有设备通过人背马驮运到现场。一个10千瓦光伏电站的全部设备就需要800匹马和将近600多名藏族群众才能一次性完成运送。但天合团队被内心那股向光而生的力量激励着，仅用1年时间，就完成了中标的39个电站，还额外援建了1座光伏电站捐赠给藏族同胞。为了让藏族同胞能够正确地使用电站，每个电站都用藏汉两种文字印好电站管理规定。

2003年，西藏昌都"光明工程"电站交付使用。淳朴的牧民因电灯亮起、电视机出现画面，眼中闪烁着从未有过的惊喜与光芒！这是由光伏电力点亮的灯光，是科技之光！是文明之光！而这股"向光而生"的力量，正是来自天合光能。天合也自此立下公司的使命：用太阳能造福全人类。

场景二：雅砻江柯拉，海拔4 000多米的川西高原，搭配智能控制系统的跟踪开拓者2P支架融合了人工智能技术，完美应对柯拉电站的地质问题和低温环境带来的发电效益风险。

预计每年可提供 20 亿度的清洁电能,是全球最大、海拔最高的水光互补项目。

雅砻江柯拉光伏电站(采用天合跟踪开拓者 2P 支架)

2020 年,天合光能作为工信部智能光伏试点示范企业,积极布局跟踪支架业务,研发智能跟踪算法,将其作为未来的一个新的增长点,打开了成长第二曲线——跟踪支架在运用中能够随阳光照射角度的变化进行相应的调整,最大限度地提高发电量,同双面组件搭配能够发挥"1+1>2"的效果。其主导起草的"光伏跟踪支架智能跟踪性能测试方法"也是首个被列入行业标准的跟踪支架智能化方面的项目。截至 2022 年年底,天合光能开拓者 1P 系列已相继亮相新疆天山山麓、巴西东北部的帕拉伊巴州等项目,全球累计签单量已超 2 吉瓦,项目覆盖拉美、欧洲、亚洲等地区,天合光能的智能跟踪控制软件(Super Track)在全球被广泛应用。

事实上，天合光能以创新引领作为第一发展战略和核心驱动力量，跟踪支架只是天合光能众多技术突破中的一项。成立25年来，天合光能矢志攻关，集创新之大成。共申请专利2 400多件，主导和参与行业标准110多项，发布标准105项，承担各级政府科研项目60余项。建有国家级企业技术中心，获得国家技术创新示范企业称号和中国科学技术大奖——国家技术发明奖。

2022年8月，天合光能自主研发的Vertex至尊高效N型单晶硅组件经权威第三方测试认证，组件窗口效率均达到24.24%，创造了大面积产业化N型单晶硅电池组件窗口效率新的世界纪录。至今，天合光能在光伏电池转换效率和组件输出功率方面先后25次创造和刷新世界纪录。此次破纪录的太阳能电池应用了天合光能自主研发的高效电池技术（i-TOPCon），采用超薄隧穿氧化硅/掺杂多晶硅钝化接触技术，利用量子隧穿效应和表面钝化大幅提高了太阳电池的转换效率。

天合光能的创新动能得益于2010年建成的天合光能光伏科学与技术国家重点实验室，这是全国首批获准建设的两家光伏技术国家重点实验室之一。天合光能依托国家实验室，与中国科学院、新加坡太阳能研究所、澳大利亚国立大学、美国国家可再生能源实验室等在内的全球顶尖研发机构合作，构建技术创新战略联盟，在高性价比光伏电池材料、高效高性价比电池、高效高可靠组件、光伏与建筑一体化、光伏工艺创新和应用技术开发、突破性技术等方面实现关键性的技术突破。2020年，面对隆基绿能科技股份有限公司、晶科能源控股有限公司的挑战，天合光能及时调整战略，率先发力210技术平台叠加N型电池技术（210+N型技术），降低了激光切割中硅片的损耗，提升了光伏组件的功率。采用210尺寸（210毫米）N型组件后，发电量增益可提升3%至5%。2022年，天合光能赶上了组件超高功率的迭代，210系列组件已成当前最主流的组件尺寸。2022年集团光伏组件累计出货量突破了120吉瓦，210大尺寸组件出货量位居全球第一。

场景三：2021年5月15日，天合光能海外制造基地越南太原工厂首批210电池及组件下线。越南工厂最大产能可分别达到3.5吉瓦电池和5吉瓦组件。这标志着天合光能210组件海外产能全面展开，超高功率210至尊系列组件加速全球

天合光能海外制造基地越南太原工厂首批210电池及组件下线

出货，进一步满足全球市场需求。这也意味着天合光能成为具备海外超高功率组件产能的首家光伏企业。

全球化始终是天合光能的发展战略。1997年，天合光能起步于江苏常州，并在此设立了全球总部。2006年在美国纽约证券交易所上市。2015年起，天合光能不断加大生产基地建设。在国内，不断巩固常州、宿迁、盐城、义乌四大生产基地，深化苏青协作、东西部协作，在青海建设"源网荷储一体化零碳产业园"，构建区域经济发展新格局。2022年，天合光能在上海设立了国际运营总部，与常州全球总部遥相呼应，积极加强全球化人才队伍建设，引进了来自60多个国家和地区的国际化高层次管理和研发人才。2023年4月，青海大基地210至尊组件下线。在国外，泰国、越南垂直一体化生产制造基地相继建成，加速国际产能供应。

受益于全球化布局，公司在品牌、渠道、技术、生产等方面有深厚的积累产品，在全球市场广受认可，成为制造业单项冠军企业。先后在瑞士苏黎世、美国费利蒙（硅谷）、美国迈阿密、日本东京、新加坡、阿联酋迪拜设立了区域总部，并在马德里、米兰、悉尼、罗马等地设立了办事处和分公司，业务遍布全球150多个国家或地区。2022年，主导产品光伏组件市场占有率达到15.2%。天合光能主营业务收入达到852亿元。

执笔人：周峥

编者点评

天合光能秉承"用太阳能造福全人类"的使命,大力推进全球化战略布局。从青藏高原到东海之滨,"不论平地与山尖,无限风光尽被占",可谓集上天之光,合人类之能!这种向光而生的力量始终激励着天合光能致力于成为全球光伏智慧能源解决方案的领导者,为创建美好零碳新世界而不懈努力!

海鸥股份：
乘风鼓翼　中国"海鸥"飞向世界

海鸥，象征着不屈不挠、搏击风浪、勇敢无畏的勇士精神。

在常州，有这样一只"海鸥"——江苏海鸥冷却塔股份有限公司，成立于1997年，是一家专业从事冷却塔研发、设计、制造及安装业务的企业。20多年拼搏在时代的巨浪里，怀揣勇敢的心，张开创新之翼，乘着时代东风，飞越大洋，走向世界！

一、精耕细作、持续创新，积聚腾飞的最大底气

翻开海鸥股份的履历表，无处不闪耀着扎根细分领域和远离繁华搞创新的坚毅身影。

1998年，海鸥股份在桂林电厂冷却塔建设项目中，以扎实的技术积累和大胆破局的勇气率先证明了大型电力项目选用机力通风冷却塔的可行性，改变了电力行业几十年的设计理念。2004年，海鸥股份研制的超大型机力通风冷却塔和大型机力通风冷却塔塔群专有技术成功应用，打破了国外公司冷却塔产品在大型石化项目中的垄断地位。2007年，海鸥股份成功解决沿海、滨海地区海水冷却塔循环水直排带来的海洋热污染问题……

自2009年开始，海鸥股份瞄准节水率这一设备核心技术指标，开始了孜孜不倦、近乎锱铢必较的探索。2014年

开创国内"消雾+节水+降噪"环保型冷却塔先河,同年,在宁夏神华宁煤项目中以19%的节水率成功取代美国产品,实现年节水量164.2万吨。海鸥股份不仅突破了国外冷却塔公司节水率19%的上限,大幅将节水率提升至50%;而且,公司新一代冷凝翼板消雾节水型冷却塔产品可有效减少或消除风筒出口羽雾,实现低蒸发损失与低飞溅损失,甚至在冬季特定的气象条件下,可以实现100%节水,达到"零羽雾""零蒸发"与"双重节水"的效果。短短几年,海鸥股份便在设备核心技术方面实现了从跟跑到并跑再到领跑的历史性跨越,一举将我国机力通风冷却塔技术拉升到世界领先水平。

海鸥零羽雾冷却塔(全消雾状态)

如今，海鸥股份已经成为中国最大的冷却塔设计和生产中心，拥有国内技术水平最先进的冷却塔实验和研发中心，是中国最具竞争力的专业冷却塔制造企业之一。根据中国通用机械工业协会冷却设备分会出具的说明：自 2012 年统计冷却塔数据以来，国内机力通风冷却塔厂商中，海鸥股份产销量一直排名第一；2017 年 1 月，海鸥股份被评为工信部首批制造业单项冠军培育企业，同年 5 月海鸥冷却塔登陆 A 股市场；2021 年 12 月，海鸥股份入选工信部制造业单项冠军示范企业。

二、搏击云天、飞向海外，"一带一路"显最强神威

细分领域的深耕和持续不断的技术创新让海鸥股份有了"飞出去"的勇气和底气，而国家"一带一路"倡议的实施恰恰为蓄势待飞、拥抱世界的海鸥股份送来了新时代的浩荡东风。自此，拓宽全球视野、拥抱国家战略的海鸥股份谱写了"飞向世界"的第二篇章。

2013 年，响应国家"一带一路"号召，海鸥股份迅速在马来西亚设立了第一家子公司——海鸥冷却技术（亚太）有限公司，此后，接连在泰国、韩国、印尼、美国等地成立子公司，收购马来西亚 TCT 公司，控股太丞股份公司……目前，企业积极延揽国际人才，辐射全球市场，在全球范围已拥有子公司 21 家，生产基地 4 家，授权销售代理 11 家。"内涵式发展＋外延式拓张"的发展战略帮助海鸥股份逐渐飞上了国际舞台，建立起全球化的服务格局。

回望十年出海路,"飞出去"的过程并非一帆风顺。在刚刚走进全球"竞技场"时,海外市场的复杂性就给了海鸥股份"当头一棒",尽管在很多项目招标过程中,海鸥股份各项综合排名都在第一,但业主总是会用种种推辞和借口婉拒采用中国产品。连续的挫败并没有消磨海鸥股份追逐的意志,痛定思痛,企业认识到要想进入国际市场就要积极拓展国际"朋友圈",2012年,企业正式邀请德国西门子股份公司进行供应商资质审查,成功进入其合格供应商名录,借着西门子这艘国际巨轮,海鸥股份的足迹逐步遍及全球。

2015年,在由德国西门子股份公司总承包的波兰国营石油公司联合循环电站项目中,海鸥股份成功中标8台玻璃钢结构冷却塔设备,成为该项目数千个设备中唯一的"中国制造"。得益于卓越的技术能力和优质的服务保障,海鸥股份获得了客户的充分肯定。成名之战的一炮而红,迅速让海鸥股份在海外声名鹊起,赢得了国际市场的敲门砖。

西门子波兰项目

之后，凭借在波兰项目执行中的出色表现，国际订单纷纷飞来。2015年，海鸥股份中标全球最大的燃气电站之一——埃及贝尼苏韦夫（Beni Suef）电站项目中64台玻璃钢结构冷却塔，合同金额高达800万欧元。埃及项目的成功为公司进入全球电力市场打下坚实基础。

埃及贝尼苏韦夫联合循环电站项目

2016年，海鸥股份为美国Lordstown能源中心联合循环电站项目配套提供14台冷却塔，在美国极高的安全施工要求下，海鸥凭借多年的经验积累和规范的施工程序，顺利完成该项目。美国项目全面执行美国标准，对于完善公司执行国际标准的能力起到了促进作用。2022年6月，X9216次中欧班列鸣笛启程，载着海鸥股份生产的玻璃钢结构低噪声环保型冷却塔，驶向中亚最大燃气联合循环电站——乌兹别克斯坦锡尔河1 500兆瓦燃气联合循环独立发电项目，标志着企业

世界领先的低噪声环保冷却塔技术正逐步惠及全球居民。

全球超过500家石油化工企业、超过300个电厂项目、超过150个冶金项目，都出现了这只"海鸥"的身影。

今天，海鸥股份已拥有了世界顶级的朋友圈：西门子、壳牌、埃克森美孚、巴斯夫、三菱化学株式会社……已成功为一批世界级石化、冶金等行业巨头实施冷却塔建设项目1 000多个，足迹遍布全球70多个国家和地区，真正将中国品牌打入国际市场，使"中国海鸥"成为"全球海鸥"！

执笔人：郎伟宁

编者点评

蓝天一望透西东，独有海鸥遨碧空。在全球化浪潮中，在"一带一路"宏大进程中，海鸥股份曾经是跟随者，现在是参与者，未来必将成为引领者！搏击惊涛骇浪，奔赴诗和远方，是海鸥勇敢无畏的天性，同样也是海鸥股份矢志不渝的内在特质！

格力博：
立足中国制造　布局全球市场

格力博（江苏）股份有限公司成立于 2002 年 7 月，当时，只是一个拥有 40 名员工，租用一个车间，从事电磨头、砂光机、打蜡机等电动工具生产，年销售额不足百万的小作坊。20 年来，格力博一直从事新能源园林机械的研发、设计、生产及销售，历经漫长的发展过程，已拥有 2 个整机装配厂、4 个零部件配套厂，产品远销美国、加拿大、澳大利亚、日本、韩国等国家，成为全球新能源户外动力设备行业的领先企业。

一、以产品迭代更新，抢占国际市场

园林机械行业起源于欧洲。从无动力产品手工作业到燃油动力和交流电动力产品替代人工，再到以锂电池为动力系统的直流电环保及便携式产品，发展至今已有百余年历史。

对欧美等海外消费者而言，修剪自家房前屋后的草坪是一件非常有必要的事情。尤其近几年，在全球疫情的催化作用下，欧美园林、庭院市场规模迎来暴风式增长，养护花草成为欧美人日常生活中不可或缺的一部分，也让全球园林机械产品市场需求长期处于高位，多家公司顺势发展壮大，格力博就是其中一家典型代表。

随着信息技术的快速发展，园林机械行业也逐步向智能化、绿色化、无人化方向转型。2004 年，北美和欧洲对

于园艺机械类产品的需求量巨大，汽油动力的园林机械仍是市场的主流产品。格力博已敏锐察觉到北美、欧洲市场消费者对于环保、低噪音、易用性和高性能的要求很高，于是抢抓机遇，以新能源锂电池取代汽油发动机，专门开发以锂电池新能源为动力的绿色园林机械产品，首次推出了锂电园林机械，完成了技术层面的弯道超车。锂电产品更环保，噪声低，成本低，产品更轻，更容易操作……深受欧美用户欢迎。

格力博的每一次市场开拓，都离不开新产品的研发。公司在全球范围内拥有超过 1 000 人的研发技术团队，其中资深研发工程师超过 500 名。在中国、北美、欧洲均设有研发中心，并建有产品检测中心、培训中心等其他配套设施。手握国内外专利 1 241 项，发明专利达到 100 项。公司还牵头制定 9 项行业标准，牢牢掌握行业话语权。2010 年，格力博推出了 greenworks 40 V 产品并入驻亚马逊，开创了亚马逊锂电园林品类。2013 年，推出 24 V 产品并入驻亚马逊，以两个高性价比的 24 V、40 V 平台，覆盖了大众用户的需求。2015 年、2016 年，陆续推出了 80 V、60 V 的系列产品并入驻美国劳氏公司（Lowe's），满足高端消费者的需求；2017 年，格力博推出了全新的商用 82 V 锂电产品，经过 5 年的研发和沉淀，推出了全新的第三代商用园林机械，引领商用园林行业从汽油向锂电转型。格力博产品不断地创新与升级，2018 年获得江苏省工信厅颁发的"江苏省工业设计产品奖优秀奖"，2019

年锂电无刷双腔自动切换割草机被评为第四批工信部制造业单项冠军产品。锂电无刷双腔自动切换割草机作为园林修割机械产业领域技术集成度最高的产品,与相同割幅的单刀片割草机相比,其噪声下降15%,振动降低8%,能耗降低25%。该产品一直保持全国同类产品出口额排名第一位。

锂电无刷双腔自动切换割草机

二、多渠道、多元化,推进全球化战略

格力博95%的产品出口至环保标准最严苛的欧美,产品覆盖全球前十大综合性建材和生活超市。格力博在中国、越南、美国打造了三大超级智能制造基地,经过多年的市场拓展和客户积累,建立了"商超+电商+经销商"线上线下全渠道覆盖的销售模式,全球员工人数超过5 000名,营销及售后服务网络健全。

在商超渠道，格力博通过将产品销售给欧美大型商超，实现对目标地区线下市场的快速覆盖，且合作关系长期稳定。其中，在北美市场，格力博产品成功入驻全球第二大家居装饰用品商超美国劳氏公司、美国最大的农村生活方式零售店经营者TSC、加拿大第一大家居建材超市CTC、全球第一大零售超市沃尔玛（Walmart）、美国商超开市客（Costco）及默纳德（Menards）、美国折扣工具和设备零售商Harbor Freight Tools等；在欧洲市场，格力博产品成功入驻欧洲最大的建材超市乐华梅兰（Leroy Merlin）、德国第二大建材超市包豪斯（Bauhaus）等。

在电商渠道，格力博敏锐认识到电子商务消费的巨大潜力，在创办自有品牌伊始即开展与线上渠道的合作，在亚马逊等主要电商平台上多年占据领先的品类市场份额。格力博主要通过欧美主流第三方电商平台实现产品在全球范围内的销售。此外，格力博亦通过自身官网平台进行产品销售。近年来，格力博通过线上渠道的销售业务收入持续快速增长。

在经销商渠道，针对专业园林机械领域产品销售的特点，格力博已经与欧美主要园林机械经销商建立稳定的合作关系。

2023年2月，格力博在深圳证券交易所创业板上市，成为新能源园林机械第一股。与众多国内上市公司不同的是，格力博99%的收入来自境外，公司Greenworks品牌割草机、吹风机等多款产品常年位于亚马逊平台（最畅销产品）之列。

执笔人：何敏

编者点评

格力博坚持自主品牌国际化发展战略，持续创新颠覆性的智能化产品，确保产品的全球化竞争优势，立足中国制造，布局全球市场，真正淬炼打造成了技术领先、具有全球竞争力的世界一流企业。

龙城精锻：
紧跟市场 抓住机遇做大做强

1994年，江苏龙城精锻集团有限公司在常州成立，主营摩托车齿轮精锻件。用近30年的专注与创新，深耕锻造领域，从50人的民营企业发展成为全国知名的制造业单项冠军。从国内最大摩托车齿轮精锻件生产企业转型成为一家汽车发电机精锻爪极全球市场份额占有率第一的行业龙头企业，现已向全球十多家跨国零部件制造商提供200多种高端中小型精密锻件，以高质量的产品赢得了众多客户的认可，成为法雷奥集团、罗伯特·博世有限公司、株式会社电装、佩特来电器集团公司及日本泽腾发电机有限公司等世界500强企业的优秀供应商。龙城精锻的成功秘诀离不开守正创新，更离不开国际视野下的战略布局。

一、切准国际市场脉搏，精锻爪极替代传统爪极

伴随20世纪末摩托车市场日渐萎缩，乘用车逐渐替代原有的交通工具进入普通家庭，外部环境的变化迫使龙城精锻另谋出路。通过对国际市场的系统性调研发现，国际上早已将传统的汽车化油器供油改为电子喷供，加上电子及电器产品在汽车上的大量应用，需要发电机在保持结构紧凑的同时，具有更大的发电功率，传统铸件爪极的发电机很难满足这个需要。发达国家的汽车发电机已开始用精

锻爪极替代传统铸件爪级，而国内尚未有厂家在精锻爪极方面进行尝试。基于前期在摩托车齿轮产品的精锻经验，公司决心要啃这块硬骨头。

开发，失败，再开发，再失败……只有投入没有产出，公司整整煎熬了两年。由于缺乏经验，前期开发过程中屡次碰壁，但公司没有因此而放弃，加大研发投入并聘请了高级研发人员组建了精锻爪极研制小组，最终在2000年年底开发成功，攻克汽车发电用爪极成型工艺，填补了国内电喷设备爪极的空白，达到国际领先水平，还获得了中国专利技术博览会金奖。公司以汽车发电机精锻爪极作为进入国际市场的敲门砖，并凭借生产工艺先进、技术含量高、质量可靠、种类齐全、价格低等优势，展示出了强劲的实力，在几年的时间内，爪极市场占有率从最初的3%迅速增长至32%再到38%，每3辆中高档轿车就有1辆使用龙城精锻制造的爪极。公司已经成为汽车零部件制造行业的标杆企业。通过不断的创新及市场积累，公司汽车发电机用精锻爪极产品于2021年荣获工信部制造业单项冠军产品称号。

龙城精锻汽车发电机精锻爪极

二、强化管理体系认证，瞄准世界 500 强供应商

产品的研制成功并不代表可获得市场的认可，如何才能把产品推向国际市场成为公司面临的又一大难题。通过了解多方信息，龙城精锻得知法国法雷奥集团因扩产需要，对精锻爪极的需求量极大。但若想获取世界 500 强企业的供应商资格，公司就必须通过 TS16949 质量管理体系认证。该认证是产品走向国际市场的一张"通行证"，根据公司当时的状况，获取该认证并非易事。但公司以"要么不做，要做就要做到最好"为信念，通过整合管理资源，提高质量管理。2001 年，公司与法雷奥集团建立业务关系，为进一步开拓国际市场，龙城精锻全面推进 TS16949 质量体系认证，号召全体员工共同参与到质量体系建设中，并专门邀请法雷奥质量专家前来辅导。2004 年，龙城精锻先后通过法雷奥过程审核、法雷奥质量体系审核以及德国莱茵 ISO/TS16949 审核。这些审核的通过为龙城精锻与全球知名跨国零部件企业合作开辟了绿色通道。公司与法国法雷奥集团签订了合作协议，并成为法雷奥集团全球精锻行业唯一 VIP 供应商；与巴西法雷奥、美国佩特来、英国博世、美国雷米等公司展开合作，产品范围扩大至大型卡车、坦克发电机配件等。龙城精锻于 2010—2014 年连续四年度入选德国博世亚太区优秀供应商，2012—2014 年连续两次被评为德国博世全球优秀供应商，2019 年荣获电装集团海

外优秀供应商称号。同时也多次被评为上海法雷奥、墨西哥雷米、北京佩特来等企业的优秀供应商。主营产品精锻爪极生产规模逐步达到国内最大、世界领先的水平。

三、抵御国际市场波动，推进产业链多元化发展

随着汽车发电机精锻爪极快速占领市场，公司迅速积累了雄厚的技术经验，热锻冷精整联合成形技术、锻造模具数字化设计模拟与制造技术、锻造模具高效及高精度切削加工技术均为国内先进领先技术。公司认识到单一产品无法有效抵御市场的波动与竞争对手的冲击，唯有紧跟市场步伐，快速响应客户需求，寻求企业独特的发展之道。"研发一个，成功一个，量产一个，巩固一个，覆盖一个"这是企业负责人对研发管理团队提出的要求。

2014年年底公司布局柴油高压共轨燃油喷射系统项目，攻关生产柴油高压共轨喷油器体、不锈钢油轨等精锻件。柴油高压共轨喷油器体是柴油发动机关键零部件，与同功率的汽油车相比，电控高压共轨系统柴油车油耗节省25%—30%，二氧化碳排放量比汽油车降低30%，碳氢化合物排放量也明显降低。产品的成功研制打破了高压共轨技术外资一统天下的局面，大大降低柴油机二氧化碳排放量和燃油消耗率，为汽车制造商节约30%左右的成本。自此，龙城精锻打开了柴油汽车发动机系统的市场，迈出了多元化发展的坚实步伐。

图6-10 龙城精锻汽车发动机不锈钢油轨

近年来,新能源汽车产销进入了爆发式增长阶段,由过去的政策驱动转向为市场驱动。龙城精锻瞄准先机,与客户共同研发新能源汽车零部件相关产品。2022年龙城精锻成立龙城智电新能源汽车零部件(江苏)有限公司,创新性布局新能源汽车零部件。年产700万件新能源车用高精密关键零部件研发及产业化项目的顺利投建标志着龙城精锻正式迈入新能源汽车零部件领域。项目集研发、制造及销售新能源汽车高精密关键零部件产品为一体,产品应用于电动汽车驱动电机、电池包零部件、氢燃料电池汽车氢动力总成等领域,将新增设备190台(套),拟引进全自日本加工中心、德国菲尔斯全自动旋锻等设备。目前公司已成功开发4个系列、20余种产品,氢燃料电池结构件填补了国内氢能源汽车核心零部件领域的空白,部分产品已经配套于新能源汽车。项目建成达产后,龙城精锻产销有望保持每年10%—20%的增速,以跨越式发展的姿态在国际化市场上大显身手。

执笔人:舒克

编者点评

小爪极，撬动全球大市场；小锻件，融入新兴产业链。龙城精锻以清晰精准的战略化布局，铸造企业集团化优势，推进产品结构多元化发展，沉着应对国际化市场需求不确定性的冲击，最终历经大浪淘沙，成为全球信赖的精锻件零部件标杆企业，并在碳中和背景下，抢占新能源赛道，在全球化背景下登上新的舞台。

五洋纺机：
苦练内功　增强全球综合竞争力

　　五洋纺机有限公司成立于1986年，是生产系列经编机、经编全成形服饰的综合性国家高新技术企业，是全国首批制造业单项冠军示范企业，也是常州第一家制造业单项冠军企业。

常州第一家制造业单项冠军示范企业证书

一、瞄准国际先进水平，建成纺机行业首个数字化工厂

近年来，五洋纺机加快推进制造业智能化改造和数字化转型，以"机器换人、数据换脑"为出发点，全面提升数字化、网络化、智能化水平。利用信息通信技术和网络物流系统等手段，着力打造智能工厂，助力纺织行业向自动化、智能化发展。建成纺织行业内首个数字工厂，总投资达 1.5 亿元，建筑面积 35 000 平方米；引进了智能柔性化加工生产线、关节机器人、加工中心、智能立体仓库、AGV 智能物流台车等一系列世界一流的智能化、数字化生产装备，并建立了"智能工厂"管理系统模块，以数据链管理生产制造。与传统生产模式相比，一人操作多机乃至无人化操作模式，用技术红利代替了人口红利。至少节省 50% 的人工，提高 5 倍的生产效率，生产成本大幅下降，成品率达到 99% 以上，产品性能足以和国际巨头同台竞技，极大增强了企业的全球综合竞争能力。

二、对标德国技术水准，研发数字化全成形经编装备

2008 年，五洋纺机董事长前往英国伯明翰参加欧洲纺机展会，当看到德国人的纺机设备时，陷入了沉思：国产装备需要多少年才能达到这样的技术水准？此后，五洋纺机历时 6 年时间的持续攻关，一举突破了高机号全成形编织技术、压电陶瓷贾卡控制系统、智能多轴导纱针横移系统等关键技

术，颠覆了服装生产从织布、裁剪到缝制的传统模式，开辟了服装小批量、多品种、个性定制的智能生产时代；研发了包括全成形 3D 织物经编机、无缝成形经编机、双面成形提花经编机、数控绒毯类经编机等系列数字化全成形经编装备。

这种智能高效经编设备，只要将设计指令输入，一根纱线，几分钟就能织出一件衣服，一体成形，完全颠覆了服装生产从织布、裁剪到缝制的传统模式，不仅大大降低了生产成本，其效率也得到极大提升。三维全成形智能经编装备实现了电脑圆机、横机、袜机等装备无法完成的 3D 全成形编织技术，满足了针织行业转型升级的迫切需求，彻底改变了服装生产从坯布织造到裁剪、缝制的传统模式，引领行业跨入单台装备从纱线上机到一次编织成形的生产服装新时代！

三、借鉴国际先进管理模式，开发智能管理系统

五洋纺机依托"互联网＋智能制造"的平台开发了国内首个经编生产线智能管理系统，对工厂的每个生产环节进行全程数据采集、传输、诊断、维护管理和远程控制，生产经营形成全面信息化管理。"人""机""料""法""环"五大要素的深度融合，形成了以"智能"生产方式制造"智能"产品的生产模式。

经编智能生产线管理系统提升了终端产品的成品率，支持对终端产品的运行参数采集、质量检查、分析，提升终端

经编智能生产线

产品的成品率,将成品率从原先的 95.5% 提升到 99.5%,提高了 4 个百分点;提高了生产管理效率,与 ERP 等管理系统的无缝对接,实现了销售、采购、库存、生产、财务、质量、成本、设备、工艺、人员管理的有机整合;实现整个生产的全面信息化和标准化,生产管理效率提高了 3 倍。截至 2022 年年底,系列经编机及智能生产线管理系统已累计销售 1 500 余台(套),新增销售额超 2.26 亿元,新增利润 3 341.3 万元。

四、依托技术、品牌实力，扩展国际市场空间

创新是企业发展的灵魂。公司加快高素质技术队伍建设，选拔多名技术骨干出国深造；同时与南京理工大学、东华大学、江南大学、天津工业大学等国内多所高校合作，成立双针床经编机产品研发中心、企业技术中心、江苏省经编机运动控制工程技术中心、企业研究生工作站等多个科研机构，现已具备设计、开发高速、高效、智能化系列纺机产品的能力。公司已累计获得软件著作权19件、国家发明专利20件、国际专利3件；完成工信部下达的3项国家标准、6项行业标准的制定任务；分别获得了中国纺织工业联合会、中华全国工商业联合会、中华全国归国华侨联合会和江苏省科技奖项；注册完成国内商标38件、国际商标48件，"五洋"和"柳绿"商标受国家法律重点保护，"五洋"品牌价值评估超38亿元。

雄厚的技术和品牌实力助力五洋纺机从一座城市拓展到海外许多国家和地区，经过多次论证及实地考察，五洋纺机将首个海外工厂落户越南西宁省，在越南投资1 380万美元，兴建了占地近10万平方米的集生产、销售和服务为一体的综合性纺织印染企业，利用越南国家西宁省经济开发区这一优越的地理位置，实现了对东南亚、南美和中东等地区的覆盖，同时获得在全球范围内运营较大规模跨国公司的宝贵经验。五洋纺机连续三届参加欧洲国际纺织机械展览会（ITMA），展品受到欧洲等海外客户赞赏。近年来，五洋纺机积极响应国家"一带一路"倡议,走国际化运营之路,进一步拓展海外产业链、供应链,产品销往印度、土耳其、伊朗、埃及、俄罗斯等30多个国家或地区。

执笔人:孙宇乾

编者点评

  纺织机械是传统行业,却诞生了常州第一家制造业单项冠军企业。这绝不是偶然的。五洋纺机从小作坊到龙头企业,从传统型制造到数字智能化标杆,每一步转型,每一步跃升,都离不开艰苦创业和聚力创新。但从根本上讲,还是其瞄准世界一流技术、放眼全球市场的战略视野和博大格局,成就了"智能经编王"的梦想。

附录一

常州制造业单项冠军表

序号	企业现名称	主营产品	年份（批次）	类别
1	五洋纺机有限公司	双针床经编机	2016年（第一批）	制造业单项冠军示范企业
2	常州市宏发纵横新材料科技股份有限公司	高性能纤维经编增强材料	2016年（第一批）	制造业单项冠军培育企业
3	常州强力先端电子材料有限公司	光刻胶引发剂	2016年（第一批）	制造业单项冠军培育企业
4	江苏海鸥冷却塔股份有限公司	机力通风冷却塔	2016年（第一批）	制造业单项冠军培育企业
5	天合光能股份有限公司	光伏组件	2017年（第二批）	制造业单项冠军示范企业
6	江苏恒立液压股份有限公司	车辆工程系列液压缸	2018年（第三批）	制造业单项冠军示范企业
7	江苏龙城精锻集团有限公司	汽车发电机用精锻爪极	2018年（第三批）	制造业单项冠军产品
8	瑞声光电科技（常州）有限公司	微型扬声器/受话器	2018年（第三批）	制造业单项冠军示范企业
9	今创集团股份有限公司	轨道交通内装饰产品	2018年（第三批）	制造业单项冠军示范企业
10	瑞声开泰精密科技（常州）有限公司	线性触控马达	2019年（第四批）	制造业单项冠军示范企业
11	新誉集团有限公司	轨道交通车载机电产品	2019年（第四批）	制造业单项冠军示范企业
12	常州市宏发纵横新材料科技股份有限公司	高性能纤维经编增强材料	2019年（第四批）	制造业单项冠军示范企业
13	常州强力先端电子材料有限公司	肟脂类光刻胶引发剂	2019年（第四批）	制造业单项冠军示范企业
14	格力博（江苏）股份有限公司	锂电无刷双腔自动切换割草机	2019年（第四批）	制造业单项冠军产品

附录一　常州制造业单项冠军表

续表

序号	企业现名称	主营产品	年份（批次）	类别
15	中车戚墅堰机车车辆工艺研究所有限公司	轨道车辆用齿轮传动装置（齿轮箱）	2019年（第四批）	制造业单项冠军示范企业
16	江苏华鹏变压器有限公司	110 kV电压等级变压器	2020年（第五批）	制造业单项冠军产品
17	万帮数字能源股份有限公司	电动汽车智能充电装备	2020年（第五批）	制造业单项冠军产品
18	江苏武进不锈股份有限公司	能源用大口径不锈钢无缝钢管	2020年（第五批）	制造业单项冠军产品
19	常州亚玛顿股份有限公司	超薄（厚度≤2毫米）高效减反增透光伏玻璃	2020年（第五批）	制造业单项冠军产品
20	江苏上上电缆集团有限公司	核电站用电缆	2020年（第五批）	制造业单项冠军产品
21	江苏国茂减速机股份有限公司	齿轮减速机	2021年（第六批）	制造业单项冠军产品
22	江苏海鸥冷却塔股份有限公司	机力通风冷却塔	2021年（第六批）	制造业单项冠军示范企业
23	常州星宇车灯股份有限公司	汽车车灯	2021年（第六批）	制造业单项冠军示范企业
24	江苏精研科技股份有限公司	金属粉末注射成形零部件	2021年（第六批）	制造业单项冠军示范企业
25	常州科研试制中心有限公司	煤矿井下用防爆车	2021年（第六批）	制造业单项冠军产品
26	江苏雷利电机股份有限公司	减速永磁式步进电动机	2021年（第六批）	制造业单项冠军产品
27	江苏长海复合材料股份有限公司	高性能玻璃纤维短切原丝毡	2021年（第六批）	制造业单项冠军产品

续表

序号	企业现名称	主营产品	年份（批次）	类别
28	江苏金源高端装备股份有限公司	MW级风力发电机齿轮箱配套锻件	2022年（第七批）	制造业单项冠军示范企业
29	江苏安靠智能输电工程科技股份有限公司	刚性气体绝缘输电线路（GIL）	2022年（第七批）	制造业单项冠军产品
30	快克智能装备股份有限公司	电子装联精密焊接设备	2022年（第七批）	制造业单项冠军产品
31	常州华威模具有限公司	汽车大型精密注塑模具	2022年（第七批）	制造业单项冠军示范企业
32	常州捷佳创精密机械有限公司	高效清洗制绒设备	2022年（第七批）	制造业单项冠军产品
33	常州纺兴精密机械有限公司	圆形孔喷丝板	2022年（第七批）	制造业单项冠军产品
34	中天钢铁集团有限公司	深拉拔用高强度高碳钢线材	2022年（第七批）	制造业单项冠军产品
35	江苏上上电缆集团有限公司	港口机械用电缆	2022年（第七批）	制造业单项冠军产品

附录二

常州市拟培育工信部制造业单项冠军企业名录

序号	企业名称	主导产品名称	企业所在区（县）	培育类别
1	江苏国强镀锌实业有限公司	高速波形梁钢护栏	溧阳市	制造业单项冠军示范企业
2	溧阳市金昆锻压有限公司	制粒机环模和压辊组件	溧阳市	制造业单项冠军产品
3	江苏翔能科技发展有限公司	中大型风电主轴轴承钢锻圈	溧阳市	制造业单项冠军产品
4	江苏华鹏变压器有限公司	新能源电力变压器	溧阳市	制造业单项冠军产品
5	冶建新材股份有限公司	海洋装备硅酸锌及无溶剂防腐材料	溧阳市	制造业单项冠军产品
6	常州时创能源股份有限公司	高效单晶电池片（半片）	溧阳市	制造业单项冠军产品
7	科华控股股份有限公司	汽车涡轮增压器中间壳	溧阳市	制造业单项冠军产品
8	中盐金坛盐化有限责任公司	液体盐	金坛区	制造业单项冠军示范企业
9	常州斯威克光伏新材料有限公司	光伏封装胶膜	金坛区	制造业单项冠军示范企业
10	中创新航科技集团股份有限公司	高电压三元锂离子电池	金坛区	制造业单项冠军产品

续表

序号	企业名称	主导产品名称	企业所在区（县）	培育类别
11	江苏创健医疗科技股份有限公司	重组胶原蛋白	金坛区	制造业单项冠军产品
12	常州市赛尔交通器材有限公司	轨道交通车辆用外部照明系统	金坛区	制造业单项冠军产品
13	永臻科技股份有限公司	太阳能光伏铝合金边框	金坛区	制造业单项冠军产品
14	三鑫重工机械有限公司	高合金钢铸件	武进区	制造业单项冠军示范企业
15	江苏晶雪节能科技股份有限公司	金属面节能隔热保温夹芯板	武进区	制造业单项冠军示范企业
16	马拉兹（江苏）电梯导轨有限公司	T型电梯导轨	武进区	制造业单项冠军示范企业
17	常州联德电子有限公司	高端片式氧传感器	武进区	制造业单项冠军示范企业
18	常州腾龙汽车零部件股份有限公司	汽车热交换系统管路产品	武进区	制造业单项冠军产品
19	江苏凯达重工股份有限公司	型钢轧辊	武进区	制造业单项冠军产品
20	江苏南方精工股份有限公司	汽车起停电机精密滚针轴承	武进区	制造业单项冠军产品
21	江苏君华特种工程塑料制品有限公司	高性能特种工程塑料聚醚醚酮（PEEK）树脂、型材及制品	武进区	制造业单项冠军产品

附录二：常州市拟培育工信部制造业单项冠军企业名录

续表

序号	企业名称	主导产品名称	企业所在区（县）	培育类别
22	常州百利锂电智慧工厂有限公司	锂电池材料智能化生产线	武进区	制造业单项冠军产品
23	江苏嘉轩智能工业科技股份有限公司	工业智能滚筒	武进区	制造业单项冠军产品
24	常州克劳诺斯特种轴承制造有限公司	履带式起重机专用滑轮轴承	武进区	制造业单项冠军产品
25	新纶新能源材料（常州）有限公司	动力电池铝塑膜	武进区	制造业单项冠军产品
26	征图新视（江苏）科技股份有限公司	3C产品高速高精度智能化缺陷检测设备	武进区	制造业单项冠军产品
27	常州市武进长虹结晶器有限公司	连铸机结晶器铜管	武进区	制造业单项冠军产品
28	常州市乐萌压力容器有限公司	真空腔体、压力容器	新北区	制造业单项冠军示范企业
29	常州聚和新材料股份有限公司	晶硅太阳能电池用正面银浆	新北区	制造业单项冠军示范企业
30	特瑞斯能源装备股份有限公司	燃气调压装置	新北区	制造业单项冠军产品
31	中简科技股份有限公司	ZT7系列	新北区	制造业单项冠军产品
32	常州同惠电子股份有限公司	电子元器件测量仪器	新北区	制造业单项冠军产品

续表

序号	企业名称	主导产品名称	企业所在区（县）	培育类别
33	常州天马集团有限公司（原建材二五三厂）	高性能玻璃纤维制品	新北区	制造业单项冠军产品
34	天地（常州）自动化股份有限公司	KJ95X煤矿安全监控系统	新北区	制造业单项冠军产品
35	江苏达实久信医疗科技有限公司	整体数字化洁净手术室系统	新北区	制造业单项冠军产品
36	江苏博之旺自动化设备有限公司	线束智能制造成套装备	新北区	制造业单项冠军产品
37	常州环能涡轮动力股份有限公司	高端涡轮和压气机转子部件及系统	新北区	制造业单项冠军产品
38	创志科技（江苏）股份有限公司	流化床制粒包衣机	天宁区	制造业单项冠军产品
39	常州市华立液压润滑设备有限公司	稀油润滑成套设备	天宁区	制造业单项冠军产品
40	江苏裕兴薄膜科技股份有限公司	太阳能背材用聚酯薄膜	钟楼区	制造业单项冠军示范企业
41	宝钢轧辊科技有限责任公司	锻钢冷轧辊	钟楼区	制造业单项冠军示范企业
42	常州华联医疗器械集团股份有限公司	亲肤聚氨酯纤维产品	钟楼区	制造业单项冠军示范企业
43	常州西电变压器有限责任公司	油浸式电力变压器（20Hz）－低频变	钟楼区	制造业单项冠军产品

续表

序号	企业名称	主导产品名称	企业所在区（县）	培育类别
44	常州中英科技股份有限公司	高频微波覆铜板	钟楼区	制造业单项冠军产品
45	江苏龙冶节能科技有限公司	焦炉荒煤气余热回收装备	钟楼区	制造业单项冠军产品
46	常州昌瑞汽车部品制造有限公司	新性能车用安全气囊	钟楼区	制造业单项冠军产品
47	盛德鑫泰新材料股份有限公司	小口径锅炉用无缝钢管	钟楼区	制造业单项冠军产品
48	常州市创联电源科技股份有限公司	LED显示屏电源	钟楼区	制造业单项冠军产品
49	常州东风农机集团有限公司	东风牌中型轮式拖拉机	钟楼区	制造业单项冠军产品
50	江苏兰陵高分子材料有限公司	新型防火防腐功能涂层材料	经开区	制造业单项冠军产品
51	常州市龙鑫智能装备有限公司	微纳米智能砂磨机	经开区	制造业单项冠军产品
52	常州市凯迪电器股份有限公司	多种应用场景的大导程同步运动升降电机	经开区	制造业单项冠军产品
53	常州博瑞电力自动化设备有限公司	直流输电换流阀	经开区	制造业单项冠军产品
54	常州强力电子新材料股份有限公司	集成电路用光刻胶引发剂	经开区	单项冠军产品

注：以上为部分培育企业。

参考文献

［1］常州市统计局，国家统计局常州调查队.常州统计年鉴2022 [M].北京：中国统计出版社，2022.

［2］中华人民共和国工业和信息化部.制造业单项冠军企业培育提升专项行动实施方案［EB/OL］.（2016-04-01）［2022-12-13］.https://www.miit.gov.cn/jgsj/zfs/qypy/art/2020/art_c61cdc1f38b3424aaf3d9c54086b05ce.html.

［3］常州市工商联.新常商 新商道：勇争一流话常商 [M].北京：中华工商联合出版社，2019.

［4］中国中小企业发展促进中心，中国信息通信研究院，中国工业互联网研究院.专精特新中小企业发展报告［R/OL］.（2022-09-08）［2022-12-13］. http://www.miit.gov.cn/jgsj/zfs/qypy/art/2022/art_4e1fefb7ffbc4e3ea5bf8f02c750ab56.html.

［5］常州市发展规划研究中心课题组.瞄准转型发展关键增量，聚力跑赢数字赛道[J/OL].常州社会科学，2022，(4).http://skl.jscz.org.cn/html/skl/2023/CANJKMHP_0424/13376.html.

［6］"纺织之光"回访五洋纺机：锚定科技创新，让企业占领产业制高点［EB/OL］.(2023-04-29)［2023-04-30］.https://www.sohu.com/a/671454614_121119291.

［7］纺织生产能够多智能？这些纺织装备新成果你绝对想不

到[EB/OL].(2017-12-20)[2023-04-30].https://www.sohu.com/a/211663116_99926568.

[8]江苏恒立液压股份有限公司[EB/OL].[2023-04-30].https://www.henglihydraulics.com/zh-CN.

[9]带领科试实现多重飞跃的人——记"时代先锋·钟楼楷模"之创新创意先行者姜汉军[EB/OL].(2014-01-16)[2023-04-30].http://ksnd.jspc.org.cn/cms/c-476.

[10]徐良文,沙滩.金色乾坤[M].南京:江苏凤凰文艺出版社,2018.

[11]江苏常州:打造"地标产业"由"跟跑"到"领跑"[EB/OL].(2021-06-13)[2023-04-30].http://www.njdaily.cn/news/2021/0613/3318550393138950488.html.

[12]江苏省人民政府."隐形冠军"引领常州武进经济高质量发展[EB/OL].(2019-01-30)[2023-04-30].http://www.jiangsu.gov.cn/art/2019/1/30/art_63909_8109217.html.

[13]中共常州市武进区遥观镇委员会,常州市武进区遥观镇人民政府,常州市武进区遥观镇商会.窑光[M].南京:凤凰出版社,2018.

[14]张可馨,吴钰芊.新誉集团:让工人有劲头、发展有奔头[N/OL].武进日报,2023-03-01[2023-04-30].https://www.wj001.com/news/jinriyaowen/2023-03-01/69958.html.

[15]诸丽琴.中国"海鸥",飞向世界——记江苏海鸥

冷却塔股份有限公司总经理吴祝平［N/OL］.武进日报，2018-12-11［2023-04-30］.https://www.wj001.com/news/jgyw/2019-03-22/2690.html.

［16］许海燕.海鸥：小领域大作为，"走出去"创造新机遇［N］.新华日报，2018-08-01（2）.

［17］常州强力电子新材料股份公司［EB/OL］.http://www.tronly.com.

［18］常州市宏发纵横新材料科技股份有限公司［EB/OL］.http://www.pgtex.cn.

［19］许海燕.宏发纵横：只做一块"布"，创下多个"第一"［N］.新华日报，2018-08-16(6).

［20］王小可，鞠燎原，陆新."永不生锈"的企业精神［N］.武进日报，2011-11-07（A06).

［21］江苏武进不锈股份有限公司［EB/OL］.https://www.wjss.com.cn.

［22］中天钢铁："四敢"精神锻造钢铁强国梦[EB/OL].（2023-05-09）［2023-05-12］.http://www.zt.net.cn/index.php？m=content&c=index&a=show&catid=81&id=11982.

［23］中天钢铁集团有限公司[EB/OL].http://www.zt.net.cn.

［24］小专利大商机龙城精锻爪极畅销汽车行业［N］.武进日报，2004-10-08（03）.

［25］做全球最大的发电机精锻爪极供应商［N］.中国汽

车报，2009-03-22.

［26］马叶星. 开发喷油器体与高压共轨精锻件 龙城精锻献力掀开"穹顶"行动［N］. 武进日报，2015-03-09（03）.

［27］龙城精锻：小小"爪极"，抓住全球大市场［EB/OL］.（2018-11-20）［2023-05-12］. http://finance.china.com.cn/roll/20181120/4813302.shtml.

［28］自信的背后——记全球最大的模具制造企业华威亚克［EB/OL］.（2012-10-12）［2023-05-12］.https://www.xincheping.com/news/21107.html.

［29］国内保险杠模具老大—江苏常州华威模具有限公司［EB/OL］.（2019-5-20）［2023-05-12］. https://www.163.com/dy/article/EFL6F24H05476W34.html.

后　记

　　本书由常州市工业和信息化局编写。在编写过程中，编委会成员付出了艰辛的劳动。严德群同志牵头，负责策划、协调，并对本书编纂提出了很多指导性意见。薛庆林同志具体组织编撰工作，构思本书框架结构，指导各成员完成分篇组稿撰写，对各篇章内容进行了多轮修改、统稿，并对每篇进行专题点评。陈晓雪、陈爱萍、李静三位主要成员在组织出版、编辑整理、分析汇总等方面做了大量工作。常州工信局机关"青训营"全体年轻干部深入企业了解第一手资料，认真完成了各篇组稿工作，并在这一过程中得到了锻炼和提升。各制造业单项冠军企业相关人员积极配合资料收集和整理工作，在此一并表示感谢！